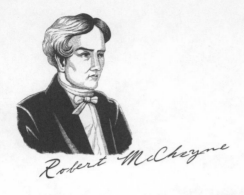

Robert McCheyne

거룩을 갈망한 작은 예수

로버트 맥체인

송삼용 지음

KB192363

넥서스CROSS

머리말

한 시대의 역사는 더 위대한 새 역사를 창조하는 발판이 된다. 각 시대마다 불꽃처럼 살다간 믿음의 거장들은 후대 젊은이들의 심장을 태운 불쏘시개가 되어왔다.

일례로, 18세기 부흥의 대가 조지 휘트필드의 심장을 불태웠던 불씨는 헨리 스쿠걸의 《인간의 영혼 안에 있는 하나님의 생명》이었다. 근대 선교의 아버지 윌리엄 캐리의 가슴에 불을 지폈던 동력은 《데이비드 브레이너드의 생애와 일기》였다. 그리고 중국 선교의 개척자 허드슨 테일러의 믿음 선교에 영향을 끼쳤던 사람은 조지 뮬러였다. 거장이 또 다른 거장을 낳은 셈이다.

역사를 빛낸 거장들의 생애를 탐구하면서 내내 마음 한편에 새겨둔 소망이 있었다. 시대를 빛낸 믿음의 거장들을

로버트 맥체인

로버트 맥체인

지은이 송삼용
펴낸이 안용백
펴낸곳 (주)도서출판 넥서스

초판 1쇄 인쇄 2009년 11월 10일
초판 1쇄 발행 2009년 11월 15일

출판신고 1992년 4월 3일 제311-2002-2호
121-840 서울시 마포구 서교동 394-2
Tel (02)330-5500 Fax (02)330-5555
ISBN 978-89-6000-591-4 03230
     978-89-6000-585-3 (세트)

www.nexusbook.com
넥서스CROSS는 (주)도서출판 넥서스의 기독 브랜드입니다.

통해 또 다른 거장들이 배출되기를 소원하는 간절한 바람이었다. 거장들의 삶을 조명한 이유가 바로 그것이었다. 이 땅에도 하나님의 영예를 드높이는 위대한 거장들이 배출되기를 바라는 소망, 그리고 거장들의 숭고한 신앙과 삶에 도전받아 하나님의 손에 붙들린 바 된 또 다른 거장들이 구름 떼처럼 일어나기를 바라는 소망, 그것이 바로 《믿음의 거장 시리즈》의 집필 목적이다.

역사는 변함이 없다! 역사를 다스리시는 하나님의 방법에도 변함이 없으시다. 그러기에 나는 여기에 소개한 거장들이 분명 우리 시대의 또 다른 거장들을 낳는 원동력이 되리라고 믿는다.

부족하지만 나는 그 일을 위해 쉼 없이 기도할 것이다.

《믿음의 거장 시리즈》에 소개된 거장들을 만나는 사람마다 심장에 뜨거운 불길이 타오르도록 간구하며, 그런 도전으로 인해 하나님의 이름과 교회를 빛낼 또 다른 거장들이 세워지도록 기도할 것이다.

찬란한 광채가 빛나는 거장들의 태양 같은 삶과 영성에 비하면 나는 금방 시들어버릴 듯한 반딧불같이 나약한 사람에 불과하다. 그럼에도 불구하고 값진 탐구의 대열에 서게 되어 몸둘 바를 모르겠다. 더욱이 거장들의 삶을 조명하는 일은 역사적 안목과 통찰력이 요구되는 전문적인 일인데도 일천한 지식으로 위대한 거장들의 생애를 탐구하게 되어 부끄러울 뿐이다.

벌레같이 보잘것없는 비천한 죄인에게 귀한 사역을 맡

겨주신 하나님께 감사드리며, 모든 영광을 하나님께 돌려 드린다. 하나님의 이름과 교회의 유익을 위해《믿음의 거장 시리즈》를 기획·편집한 넥서스크로스 편집부 직원들의 노고에 심심한 사의謝意를 표한다.

거장들이 준 감동과 도전, 그리고 하늘의 비전을 모든 독자와 함께 나누고 싶다.

송삼용

차례

Robert McCheyne

∿ 생애 개관

로버트 맥체인은 19세기 초 영국 청교도 중의 한 사람으로 탁월하게 하나님과의 교통의 진면목을 보여준 목회자였다. 역사가들은 그의 삶을 조명한 후, 완전에 가까울 정도로 철저한 순종의 삶을 살았다고 했다. 물론 완전한 순종의 삶을 살았던 사람이 예수님 외에 누가 있었으랴만은 로버트 맥체인이 그 정도로 철저하게 순종의 삶을 살았다는 의미이다. 맥체인이 설교하기 위해 강단에 서면, 벌써 그의 얼굴에서 비치는 거룩과 영광의 빛으로 인하여 청중이 회개의 눈물을 흘릴 정도였다고 한다.

찰스 스펄전은 "맥체인의 전기는 모든 그리스도인이 꼭 읽어야 한다. 그리고 복음 사역자들은 당연히 읽어야 한다"고 말했다. 이어서 "맥체인의 설교와 목회가 하나님의 능력에 사로잡힌 바 되었다는 말 외에 달리 표현할 길이 없다"고 말할 정도였다. 설교의 황태자요, 목회의 거장이었던 스펄전조차 마음이 억눌릴 때마다 맥체인의 전기를 보고 심기일전했다고 하니 실로 맥체인은 탁월한 영적 거장 중의 거장이었다. 맥체인은 불과 7년 반 동안만 사역을 수행하고 29살의 일기로 생을 마감하면서 영원한 본향에 입성한다. 비록 세상에 머무른 시간은 짧았지만 그가 보여준 경건한 삶은 장엄의 극치를 이루었다고 할 수 있다.

맥체인은 모든 영혼을 뜨겁게 사랑한 목회자였고, 거룩한 삶의 본을 보여준 성도의 모델이었다. 역사적으로 수많은 성자가 세상을 거쳐 갔지만 그리스도를 가장 많이 닮은 사람을 선택하라고 하면 단연 맥체인이 될 것이다. 당시 사람들이 맥체인을 보고 "하나님이 여기 계시다"는 인상을 받을 만큼 그는 그리스도의 광채를 드러낸 사람이었다. 그의 설교를 들은 사람들은 누구도 그 뜨거운 은혜의 불길을 피할 수 없었다. 맥체인은 탁월한 웅변가는 아니었지만 그의 말씀에는 영혼을 불태우는 능력이 넘쳤다.

맥체인 당대와 그 후대의 사람들이 그를 회고하는 다음

의 말들은 그의 영향력이 어느 정도였는지를 짐작하게 해
준다.

내 생애 황금의 날은, 예수 그리스도로 가득 채워진 맥체
인이라는 한 젊은이를 처음 만난 때였다(무디 스튜어트 목
사).

나태와 경망과 불신실은 항상 나를 따라잡는 죄악들이다.
맥체인 목사의 모습은 이 모든 죄에 대한 하나의 준엄한
견책이다. 나는 신실하게 보이지 않는 영원한 세계의 실
체를 투시하며 죄인을 일깨우면서 예수 그리스도를 그처
럼 신실하고 꾸준히 증거하는 사람을 만나보지 못했다(제
임스 해밀턴 목사).

그의 성결과 거룩한 기도, 말씀에 대한 사랑, 영혼들을 위

한 열정, 아름다운 표현과 풍성한 영적 통찰은 그를 이스라엘의 빛나는 영적 왕자로 추앙케 한다(디스데일 영 목사).

로버트 맥체인은 스코틀랜드 목회자 가운데서 가장 성자다운 사역자였다. 그는 빼어난 신학자는 아니었지만 그리스도께 결착된 순수한 사랑과 열정으로 복음을 전했던 진정한 목회자였다. 그는 에녹처럼 지치지 않는 열성으로 거룩함을 추구했고, 그리스도와 같은 순결을 갈망했다. 그는 이 세상에 있었지만 이 세상에 속한 자가 아니었다. 그의 이름은 스코틀랜드 일부 지역에서는 존 번연의 이름만큼이나 잘 알려져 있다. 그의 설교는 스코틀랜드 교인들이 가장 많이 읽는 메시지이다(모펏 스코트 목사).

맥체인은 1813년 5월 21일, 스코틀랜드 에든버러 더블린 가에서 태어났다. 5남매 중 막내로 태어난 맥체인은 4살

때부터 글자를 깨우쳤고, 헬라어, 라틴어를 익혀 가족들의 사랑을 받고 자랐다. 어린 시절부터 기억력이 뛰어나 시편을 암송했다. 문예적인 소질이 남달라서 고등학교 졸업식에서는 시를 낭송하기도 했다. 1827년 11월, 에든버러 대학교에 입학해서 인문학을 공부했다. 1831년부터는 신학부에 진학하여 목회 수업을 받았다.

에든버러에서 신학 수업을 받던 중 맥체인은 형 데이비드의 죽음으로 인해 큰 충격을 받는다. 하지만 그 사건은 자신의 생을 하나님께 드리기로 결심한 계기가 된다. 육신의 슬픔은 그를 영원한 세계로 인도해준 안내자였다. 그때부터 영적 비밀을 깨우치게 되었고, 놀라운 은혜의 세계에 이르게 되었다. 그 후 주일학교에서 봉사하면서 영적 성장에 관심을 더욱 가졌다. 기도와 금식으로 하나님과 교제하는 훈련을 쌓으면서 헌신을 결단하기도 했다.

영적인 눈을 뜬 후 맥체인은 지속적으로 죄와 싸우며 경건한 삶을 살려고 몸부림쳤다. 그러다가 신학 수업을 마치고, 1835년 1월 1일부터 복음을 전파할 수 있는 자격을 에든버러 노회로부터 인정받았다. 1835년 7월 1일에는 설교자 인허증을 받고 11월 첫 주부터 존 보나르 목사가 시무하던 라버트와 두니페이스 교구의 부교역자로 청빙되었다. 그곳에서는 6천여 명의 교구 주민을 돌보며, 설교와 심방 등 교구 관리로 부교역자 사역을 성공적으로 마쳤다. 맥체인은 부교역자였지만 그곳에서 몸을 아끼지 않고 지쳐 쓰러질 때까지 열정적으로 사역했다. 10개월 후 그곳을 떠나면서 자신이 열 배나 더 일할 수 있었을 텐데 그러지 못한 것을 회개할 정도였으니 그가 얼마나 겸손했는지 알 수 있다.

그 후 1836년 11월 24일, 맥체인은 23살의 나이에 목사 임직을 받은 후 던디의 성 베드로 교회 담임목사로 청빙받았다. 담임목사로 부임한 후 그는 지칠 줄 모르는 열정으로 하루에 6시간씩 심방과 상담에 전력하며 영혼을 돌봤다. 틈만 나면 기도와 금식으로 자신의 영혼을 깨끗하게 했고, 경건하고 성결한 삶을 위해서 철저하게 죄를 회개하는 일을 쉬지 않았다. 부임 후 얼마 되지 않아 성 베드로 교회의 1,100석이 가득 차게 되자 던디와 스코틀랜드 전역에 소문이 퍼져 나갔다. 2년 후 건강 때문에 몇 개월 쉬면서 1839년 3월 29일부터 8개월간 성지 답사를 떠났다.

그 사이 성 베드로 교회에 놀라운 부흥이 일어났다. 임시 사역자로 설교하던 번스에 의해 킬사이스 교회에서 시작된 부흥의 불길이 성 베드로 교회로 확산되어 약 4개월 동안 활활 타올랐다. 이어서 맥체인이 성지 답사를 마치고 다시 합류했을 때도 놀라운 부흥이 계속되어 스코틀랜드 전체 교회에 부흥의 불을 지폈다. 그 후에도 부흥의 불길은 맥체인이 사역을 마칠 때까지 꺼지지 않고 스코틀랜드 교회사를 길이 빛내주었다.

맥체인은 사역 말기에도 결심문을 만들어 영적 갱신을 시도하면서 거룩한 삶을 추구했다. 그의 일생은 성결과 경건을 위한 거룩한 싸움이었다고 할 수 있을 만큼 치열한 영적 전쟁터였다. 심지어 죽는 순간까지 거룩을 갈망했으니 그는 실로 작은 예수요, 살아 있는 그리스도의 편지였다. 그는 29년 10개월을 지상에서 보내다가 1843년 3월 25일 토요일 아침 마침내 하나님의 부름을 받고 영원한 안식에 들어갔다. 지금도 스코틀랜드 던디의 성 베드로 교회 내 묘지에 묻혀 있는 그의 육신은 후대의 모든 사람의 가슴에 사라지지 않는 영원한 기념비가 되고 있다.

1장

오직 하나님께 몰두했던 청년

Robert McCheyne

문예 소년 탄생

로버트 맥체인은 1813년 5월 21일 스코틀랜드 에든버러 더블린 가에서 5남매 중 막내로 태어났다. 그의 아버지 애덤 맥체인은 변호사였지만, 법정에서 활동한 것이 아니라 공증 변호사였다. 한때 그는 최고 법정에서 집행 영장을 관할하는 절대적 권한을 가진 적이 있었다. 로버트 맥체인이 태어날 무렵에는 법조계의 다양한 조합들 중에 최고 위치를 차지했다. 애덤은 그런 지위에 따라 사회적으로 중요한 인사로 활동했으며, 부와 재물도 상당히 소유했다. 유능한 사업가로서 주변 사람들에게 신뢰를 받기도 했다.

애덤은 자녀들을 엄격하게 키웠지만 집안 분위기는 항상 웃음이 가득했다. 자녀들은 아버지에게 비밀을 털어놓을 만큼 친근하고 다정다감했다. 애덤은 "매를 아끼는 것은 전혀 내 성격과 맞지 않는다"고 할 정도였지만 자녀들은 아버지를 친구처럼 대했다. 애덤의 생일 때면 어린 맥체인이 아버지의 생일 송가를 지어 보내곤 했다.

우리는 언제나 즐거운 얼굴로
행복한 화로가 주변에서 미소 짓습니다.

어린 아들로부터 사랑 어린 생일 송가를 받곤 했던 애덤은 후일 맥체인에 대해서 다음과 같이 평했다.

맥체인은 늘 친근감 있는 소년이었고, 심지어 기품 있는 성격을 지녔다. 나는 맥체인이 거짓말 혹은 비열하거나 하찮은 행동으로 양심의 가책을 받는 모습을 결단코 본 적이 없다. 그리고 그 아이는 다른 사람들의 그러한 모습을 굉장히 경멸했다. 그에게는 개인적인 벌을 가해야 했던 일이 전혀 없었다.

맥체인은 6살 때부터 퍼스 강이 내다보이는 큰 집에서

아름다운 자연 경관을 바라보며 자랐다. 대학을 다니기까지 16년 동안 그곳에 살면서 자연의 정취가 몸에 뱄던지 유독 문예에 소질이 많았다. 그는 자연 속에서 시간 보내는 것을 좋아했고, 종종 풍경을 그리는 것도 즐겼다. 편지를 쓸 때면 자연을 노래하는 시와 산문을 지어서 보낼 정도로 문학에 관심이 많았다. 그의 어머니가 아들의 편지를 받을 때마다 그 내용이 신문보다 낫다고 할 만큼 뛰어난 글솜씨를 발휘했다. 어린 시절부터 숙달된 글솜씨 탓에 대학 시절에는 시작詩作으로 우수상을 받기도 했다.

그의 문예적 소질은 어머니로부터 받은 영향이 컸던 것으로 보인다. 어머니의 결혼 전 이름은 록하드 머리 딕슨이었다. 딕슨 여사는 쾌활하며, 유쾌한 성품을 소유했다. 그녀는 자애롭고 지적인 기질로 다섯 자녀들을 잘 키웠다. 어린 자녀들이 품을 떠나 있을 때면 여러 종류의 주제를 글로 표현해서 서신을 왕래했다. 그렇게 주고받았던 서신에는 남들이 부러워할 만큼 그녀의 훌륭한 글솜씨가 잘 드러나 있다. 맥체인 역시 어머니를 떠나 있을 때면 으레 어머니의 능숙한 글솜씨가 담긴 편지를 받아보곤 했다. 이런 어머니의 기질을 그대로 물려받은 셈이다.

맥체인의 부모는 가정에서 말과 본으로 자녀들을 잘 양육했다. 늘 정의와 진실을 가르쳤고, 신앙 교육을 최우선적으로 시켰다. 특히 자녀들에게 모든 행동과 판단을 그리스도 중심으로 하게 함으로써 그리스도께서 통치하시는 가정을 이루기 위해 부부가 애썼다. 1835년 어느 날 애덤은 의사인 첫아들에게 이런 편지를 보냈다.

무엇보다 주님께서 너를 이끄시고 인도하시기를 기도한다. 그러니 형제보다 더 친밀한 친구가 결핍되는 일은 결코 없을 것이다.

그런 신앙의 가정에서 막내로 자란 맥체인은 부드럽고 온화한 성격으로 어릴 때부터 주변 사람들의 주목을 받았다. 4살 때부터는 글자를 깨우친 후 헬라어 알파벳을 익히기 시작했다.

그때부터 시편과 성경구절을 암송하면서 놀라운 기억력으로 두각을 나타냈다. 주변 사람들은 맥체인이 성경을 암송하던 모습을 상기하면서 이렇게 회상했다.

그 아이의 목소리는 더 나은 생명, 더 나은 나라에서 들려오는 소리처럼 너무나 선명하고 청아했다.

그 시절에 암송했던 시편은 후일 성인이 되어서 경건의 시간마다 애송하는 성구가 되었다. 고등학교에 진학한 후에는 6년 동안 문학 수업을 받으면서 교내 백일장에서 시낭송자로 뽑히기도 했다. 학창 시절에 쓴 글이나 시들을 모은 스크랩북은 지금까지 보존되고 있다. 그 안에는 버질, 호라티우스, 호머 등 유명한 고대 시인들의 시들이 펼쳐져 있으며, 독창적인 시들도 포함되어 있다. 맥체인은 1827년 8월 졸업식에서 다음과 같은 시를 낭송했다.

고대 유물의 흡족할 만한 저장고를

우리에게 개방해준, 그대 역사 안녕히,

스승이여, 친구여, 안녕히!

그는 이런 문예적인 재능과 음악적 소질을 발휘하여 후
일 찬송시를 작시했다. 그 찬송시 중 몇몇은 지금까지 영감
있는 찬송으로 불리고 있다. 그의 입에서는 항상 찬송이 그
치지 않았는데, 특히 맥체인은 음성이 좋아서 찬송할 때면
감동이 넘쳤다. 또한 그는 여행을 좋아해서 종종 모험을 즐
겼으며, 그림에도 남다른 관심을 보였다. 맥체인의 친구 캐
논 벨은 그의 고등학교 시절을 이렇게 회상했다.

내 기억 속의 맥체인은 부드럽고 유쾌한 얼굴에, 밝지만

진지하고 장난과 흠 없는 삶을 좋아하는 키 크고 호리호

리한 소년이었다.

어린 시절부터 성장 과정 내내 보여준 맥체인의 다양한
관심들과 솜씨 및 음악적인 재능 등은 나중에 경건 생활을

유지하는 데 널리 유익이 되었다. 목회자가 된 후에는 그런 취미나 문학적인 재능까지도 하나님을 위해서 사용해야 한다는 소명과 책임을 느끼기도 했다. 그런 것들을 영혼을 위하는 일의 보조수단으로 생각한 것이다.

대학 생활과 형의 죽음

1827년 11월에 맥체인은 에든버러 대학교에 입학했다. 그
는 모든 과목에서 상을 받을 정도로 우수한 성적을 내었다.
언어와 문학 공부, 체육 활동, 그림, 음악 등 다양한 부분에
관심을 갖고 대학 생활을 유익하게 보냈다. 대학 시절 동안
신앙적인 깊이는 없었지만 인문학과 신학을 배우면서 점
점 활기를 띠기 시작했다. 맥체인의 아버지는 아들의 대학
시절을 이렇게 회고했다.

> 그는 활기가 넘쳤다. 대학에 다니는 첫 2, 3년 동안 낭송과
> 시작時作 활동, 학회의 즐거움에 더 많은 관심을 가졌던
> 것 같다. 당시 노래 실력과 낭송 실력은 매우 대단했다. 그
> 와 어울리는 친구들도 진지한 것보다는 이러한 것에 더욱
> 솔깃했다.

한편 대학 과정에서 인문학을 마친 후 맥체인은 1831년부터 신학부에 진학했다. 맥체인의 신학 사상과 목회 철학에 영향을 준 교수는 유명한 신학자요, 복음주의 강단의 최고 설교자였던 토머스 찰머스Thomas Chalmers 박사였다.

찰머스 박사는 신학생들에게 토요 전도팀을 만들어 에든버러의 미전도 지역에 가서 전도하도록 할 만큼 실천 목회에 주력한 신학자였다.

맥체인은 그 전도팀에서 함께 전도하면서 그 우람하고 격조 높은 도시 안에 영적으로 어둡고 무지한 사람들이 우글거리는 것을 보고 충격을 받았다. 그 일을 계기로 그는 복음 전파에 일생을 바치기로 결단했다. 후일 맥체인이 목회하면서 빈민 지역을 자주 심방하고 복음 전파에 온 힘을 기울인 것도 찰머스 박사의 영향이었다.

교회사 교수였던 웰시David Wlesh 박사로부터는 역사적인 안목을 배웠다. 웰시 박사의 연구 생활과 헌신적인 삶은 맥체인의 후일 사역과 삶에 큰 영향을 끼쳤다. 맥체인이 목회하는 중에 지칠 줄 모르는 열정으로 말씀 연구에 최선을 다했던 것도 웰시 박사의 영향이었다.

성경 강해에 큰 도움을 주었던 교수는 캔드리쉬Robert Candlish 박사였다. 캔드리쉬 박사의 저서는 아직도 출판되고 있을 정도로 탁월한 성경 강해서고, 그는 후일 맥체인의 설교에 지대한 영향을 끼친 스승이었다. 맥체인은 자신에게 큰 영향을 주었던 교수들의 강의를 졸업 후에도 청강하곤 했다. 특히 캔드리쉬 박사와는 목회할 때도 지속적인 교제를 나누면서 성경 강해에 대한 안목을 키우기도 했다.

그 무렵 맥체인에게 자신의 생을 하나님께 드려 복음을 위해서 살기로 작정하는 데 결정적인 계기가 되었던 사건이 일어났다. 그것은 맥체인이 그토록 사랑하고 의지해왔던 맏형 데이비드의 죽음이었다. 데이비드는 아버지를 따라 법률을 전공한 후 스코틀랜드 정부로부터 변호사 허가를 받을 만큼 장래가 촉망되는 아들이었다.

그의 아버지는 데이비드를 가리켜서 "세 아들 중에 가장 탁월한 학자"라고 표현할 정도로 집안의 자랑으로 생각하고 있었다. 가족뿐만 아니라 주변 사람들조차 가문의 보배라고 여겼던 데이비드가 스코틀랜드 호수에서 불어닥친 매서운 바람을 맞고 발병된 독감을 물리치지 못하고 26살의 나이에 세상을 떠나고 말았다. 죽음을 앞둔 며칠 동안 데이비드는 평화로운 모습으로 가족과 주변 사람들에게 큰 위로를 주었다.

그토록 신실한 믿음을 가졌던 데이비드의 죽음은 온 가족에게 충격이었다. 맥체인에게도 맏형의 죽음은 큰 충격이었다. 더욱이 맥체인이 고등학생이었을 때 데이비드는 대학에서 배운 문학 수업을 직접 가르쳐준 친근한 가정교사와 같았다. 맥체인은 자신보다 8살이나 많은 맏형을 절대적으로 의지했고, 존경심을 갖기도 했다. 그랬기에 형의 죽음으로 인한 정신적 충격에서 쉽게 벗어나지 못했다. 한동안 그는 형의 죽음을 애도하면서 시를 쓰기도 하고, 깊은 묵상에 잠기기도 했다.

데이비드는 죽기 얼마 전부터 놀라운 영적 세계를 경험했다. 그는 종종 하나님과 친밀하게 나누었던 교제의 즐거움을 맥체인에게 간증하곤 했다. 그렇게 자신의 영적 경험을 간증할 때마다 데이비드는 맥체인이 그 은혜를 자신과 함께 나누지 못한 것을 안타깝게 생각했다. 데이비드는 여러 수단을 동원해서 맥체인이 신령한 세계에 이르도록 하기 위해 무척 애를 썼다. 동생을 위해 많은 시간을 기도로 보내기도 했다. 맥체인 역시 자신의 영적 성장과 회심을 위해 형이 얼마나 많은 노력을 했는지 알고 있었다.

형의 간증을 들을 때마다 맥체인은 많은 도전을 받았다. 하지만 신령한 세계의 비밀을 깨우치지 못했다. 형의 설득으로 영적 생활을 결심하기도 했으나 하나님께 자신을 온전히 드리지는 못했다. 그러나 경건했던 형의 죽음을 통해서 맥체인은 영원한 세계를 보게 되었다. 자신에게 복음의 축복을 가르쳐주었고, 경건의 모범을 친히 보여준 형이 세상을 떠나는 것을 보면서 그리스도의 복음을 진지하게 생각하게 된 것이다. 이처럼 형의 죽음은 맥체인 영혼에 하나님의 빛이 비춰지는 계기가 되었다.

맥체인에게 찾아온 육신의 슬픔은 그를 영원한 세계로 인도하는 안내자와 같았다. 그동안 영적 비밀을 깨우치지 못하고 살았던 맥체인의 삶에 놀라운 변화가 생긴 것이다. 그제야 자신의 본성을 깨우치고 은총의 보고에 동참하게 되었다. 하늘의 영광을 바라보며 진리와 기쁨을 누리게 되었다. 주변 친구들조차 맥체인이 무언가 변화된 것을 직감할 정도였다. 이러한 맥체인의 변화에 대해서 그의 아버지도 이렇게 기술했다.

그의 형 데이비드의 경건한 모범과 복된 죽음이 그의 마음을 바른 방향으로 잡아주는 계기가 되도록 하나님이 역사하신 듯하다.

그 후부터 맥체인의 삶은 확연하게 변화되었다. 주일학교 봉사를 지원했고, 기도생활에도 열심을 내었다. 부지런히 성경을 읽으면서 영적 생활에 전력을 다했다. 맥체인의 변화는 형의 죽음을 통해서 맺어진 거룩한 열매였다. 한 사람의 죽음이 다른 한 사람을 생명으로 이끌었으니 하나님의 오묘하신 섭리가 아닐 수 없다. 하나님의 섭리와 계획은 인간의 생각으로는 도저히 상상할 수 없다. 하나님께서는 놀라운 섭리 가운데서 신실한 일꾼을 부르신 것이다. 맥체인은 형이 죽은 지 10일 만에 가졌던 자신의 영적 각성에 대해서 1년 후에 쓴 일기에 이렇게 기록해놓았다.

1832년 7월 18일

지난해 오늘 아침, 나는 나의 세속성을 크게 깨달았다. 너무도 커다란 충격이었지만 또한 그것이 얼마나 큰 축복이었는지 모른다. 오 하나님! 당신만이 알고 계십니다. 하나님이 그렇게 깨닫게 해주셨습니다.

그날의 감격이 얼마나 컸던지 맥체인은 그날을 해마다 기억해야 할 날로 표시해놓았다. 심지어 10여 년이 지난 후에도 친구에게 편지할 때 "11년 전 이날은 내 경건한 형 데이비드가 스물여섯의 나이로 영원한 안식에 들어간 날이네"라며 형의 죽음을 언급했다. 자신의 교회 동료가 저술한 책을 추천하는 글에서는 다음과 같이 쓰기도 했다.

내가 더욱 경건해지고 현명해질 수 있도록, 곧 나 자신은 점점 없어지고 하늘에 계신 나의 주님을 더 닮아가도록 나를 위해 기도해주십시오. 내가 나 자신을 중시하지 않도록 기도해주십시오. 그렇게 된다면 나의 길을 기쁨으로 끝마칠 수 있을 것입니다. 11년 전 오늘은 내가 사랑했고 지금도 사랑하고 있는 형을 잃고 결코 죽지 아니하는 형(a Brother, 주님)을 찾기 시작한 날입니다.

맥체인은 이런 감정을 종종 동료들에게 털어놓으면서 교제를 나누었다. 10여 년이 지난 후에도 이런 고백을 했던 것을 보면 형의 죽음이 맥체인의 삶에 얼마나 큰 영향을 끼쳤는지 짐작할 수 있다. 경건했던 형의 죽음은 맥체인을 생명의 빛 가운데로 인도해주었다. 그것은 청년기에 세상을 향하고 싶은 마음을 벗어버리도록 자극하는 촉진제가 되기도 했다.

죄와 싸우며 갈등하다

기독교 역사를 돌아보면 많은 영적 거장이 특별한 회심을 체험했다. 하나님의 절대적인 간섭과 섭리 가운데서 말씀으로 회심하거나, 불가항력적인 간섭에 의해서 회심을 체험한 기록들이 있다. 하지만 맥체인에게는 특별한 회심의 순간이 없었다. 형의 죽음으로 인해 영적 자각이 있었지만 영적인 변화는 지속적으로 이어졌다. 형의 죽음 이후에 맥체인은 하나님께 헌신을 결단하면서 일기에 다음과 같은 기록을 남겼다.

1831년 11월 12일

헨리 마틴의 전기를 읽다. 그리스도를 위하여 부모와 조국, 가정, 건강, 생명, 기타 모든 것을 당신께 바칠 수 있는 힘을 주옵소서.

12월 4일

《레흐 리치몬드의 생애Legh Richmond's Life》를 읽다. 눈
물을 흘릴 수밖에 없는 깊은 후회가 엄습해온다. 나 자신
이 이처럼 사악하고 쓸모없고 천하고 무엇보다도 감사를
잊은 죄인으로 보인 적은 이때까지 한 번도 없었다. 나의
이 눈물이 나 자신을 헌신하는 서약이 되기를!

12월 25일

내 마음은 아직도 만세반석이신 주님께 완전히 몰두하지
못하고 있다.

　이처럼 자신을 하나님께 헌신하기로 다짐했지만 죄의
세력이 그를 놔주지 않았다. 헌신을 결단한 후에도 죄 문제
가 그를 지속적으로 괴롭혔다. 형의 죽음 이후 성령께서 맥
체인의 불경건과 본성의 죄악들을 자각시켜주셨지만 자
신의 힘으로는 죄를 이겨낼 수 없었다. 결국 하나님께 헌신
을 다짐하는 서약에도 불구하고 죄들을 청산하는 데 실패

한 것이다.

신학을 공부하는 중에도 죄 문제는 해결되지 않았다. 말씀 가운데 있으면서도 여전히 세상의 유혹에서 벗어나지 못했다. 헌신을 다짐한 후 2년이 지난 다음에도 여전히 영적 갈등이 사라지지 않았다. 1832년 초 그의 일기에는 세상의 즐거움을 찾아다니면서 번민하는 모습이 담겨 있다.

1832년 1월 12일

내 마음에는 평화가 없다. 왜일까? 죄가 내 문 앞에 엎드려 있기 때문이다.

2월 2일

기억할 만한 일이 한 가지도 없는 날. 하지만 이 24시간에 대해서도 나는 책임을 져야 한다.

3월 10일

결코 다시는 카드놀이를 하지 않게 되기를.

3월 25일

다시는 주일 저녁에 놀러다니지 않겠다.

4월 10일

춤추는 곳을 찾지 않겠다. 자책을 견디기 힘들다. 오히려
나는 십자가를 감당하려고 해야 한다.

죄의 속성이 그렇다. 죄는 끊임없이 우리를 괴롭힌다. 우
리의 헌신을 약화시키고, 영적으로 무기력하게 만든다. 죄
는 우리의 적이다. 죄는 사악하다. 죄의 세력은 끈질기다.
영적 거장 맥체인 역시 그 집요한 죄의 공격으로 인해 그런
갈등에 빠졌다니 죄 앞에는 성자가 없는 듯하다. 그 무렵
맥체인이 죄 문제로 갈등하면서 고백했던 말을 들어보자.

실로 나는 얼마나 부패했었는지! 내 인생의 얼마나 많은
기간을 전혀 하나님 없이 세상의 쾌락과 멸망할 일들에
바쳐왔는지 … 비록 교육이 있고 사람들의 시선이 있어

공공연히 죄악은 저지르지 않았지만, 내 속은 얼마나 큰 불경건함으로 지배받고 있는가! 그 불경건이 정욕과 분노와 그릇된 야심과 속된 언어로 나의 자제력을 뚫고 내 삶 속에 그 모습을 드러내는 경우는 또 얼마나 많은가! 나의 죄악은 항상 세련된 모습으로 위장되어 있지만 그것은 얼마나 음흉하고 얼마나 끔찍할 정도로 내 생활의 일부가 되었던가!

그 후로 성령께서 맥체인의 불경건과 본성의 죄악들을 지속적으로 자각시켜주셨다. 그런 영적인 축복으로 맥체인은 평생 원죄에 대해 철저히 회개하며 살았다. 원죄가 바로 모든 죄의 근원임을 알았기 때문이다. 철저한 회개를 통해서 맥체인의 삶은 점진적으로 변화되었다. 성령의 강권하심으로, 죄를 깨우치고 철저하게 회개한 결과 마침내 그는 거룩의 정상에 오르게 되었다. 이처럼 죄를 정복하는 일은 하루아침에 되는 일이 아니다. 그것은 평생 싸워야 할 거룩한 과제이다. 맥체인 역시 죄 문제를 해결하려고 몸부림을 쳤다. 그는 죄 때문에 갈등하고 번민하던 자신의 심정을 다음과 같이 기록했다.

6월 30일

너무 많은 경솔함과 죄와 슬픔이 뒤범벅이 된 날이었다. 내가 일어나 하나님께 구하리로다. 내 무거운 죄 밑에 엎드리어 절하며, 그분 앞에 내 모든 죄를 내려놓으리. 그리하면 그분께서 내 영혼을 죄에서 씻을 것이요, 내 안에서 새 마음을 주시며 그를 경외하는 법을 가르치시리로다. 기쁨을 얻고자 하는 너여, 결코 속이지 않는 순수한 기쁨을 원하는 유일한 사람아!

7월 3일

그동안 나를 그토록 자주 배반해왔던 이 세속성의 쓴 뿌리가 오늘 밤에 그 더러운 모습을 마지막으로 내비치는 것으로 보건대, 나는 이것이 나로 죄악을 미워하게 하고 그것을 영원히 끊게 하기 위해 하나님께서 선택하신 길이라 생각할 수밖에 없다. 나는 헌신하기를 맹세한다. 그러나 기도한다고 해도 나는 연약한 벌레를 닮았도다. 오, 티끌 가운데 앉은 내 영혼이여!

한편, 맥체인은 영적 번민 가운데서도 미래의 사역을 위해 가까운 친구들과 함께 매주 토요일 저녁 6시 30분부터 '성경주해 클럽' 모임을 가졌다. 여기에서 맥체인과 친구들은 한 주간 동안 읽은 책에 대해 서로 나누고, 히브리어와 헬라어 원문으로 성경을 연구했다. 때로는 각자가 준비한 소논문을 발표하면서 토론하곤 했다. 맥체인은 그 모임을 통해 유대인 문학과 성경 지리에 익숙해져서 나중에 성지 여행을 했을 때 큰 도움이 되었다고 술회하기도 했다. 이 주해 클럽 회원들은 후일 던디에서 일어난 부흥 운동에 크게 이바지했으며, 그들 중 4명은 총회장과 신학교 교수가 되기도 했다.

2장

하나님의 도구로 쓰임받는 삶

~

사역자 이전에 신자가 되다

~

하나님께 자신을 헌신하기로 맹세한 이후 맥체인의 삶은 놀랍게 변화되었다. 그 후 단 한 번 세상의 환락에 빠진 적이 있었으나 그것이 마지막이었다. 그 다음부터는 본격적으로 기도와 금식으로 경건한 삶을 이루었다. 그는 오직 하나님만 바라보았다. 주님 안에 있을 때 놀라운 기쁨이 넘쳤다. 심령의 평안도 가득했다. 주님을 위해서 헌신을 다짐한 후에는 오직 한 길, 주님을 바라보며 경건한 삶을 이루었다. 다음 몇 개월간의 일기는 그의 삶이 어떻게 변화되었는지 영적 성숙의 과정을 알려주는 증거들이다.

7월 7일

평소와 같이 공부를 한 후, 잠시 금식을 하며 하나님께 많은 기도를 드렸고 열심히 주님의 얼굴을 구했다. 작년 이

맘때의 밤을 기억하면서.

7월 22일

오늘 밤 자신을 비운다는 것과 자신을 낮춘다는 의미를 보다 완전히 이해하게 되었다. 우리는 자신을 비우고 낮춰 주님 앞에 나아가야 한다. 자신을 비우는 것과 자신을 낮추는 것은 자아부정, 곧 자아를 철저히 죽이는 것을 뜻한다.

9월 30일

주일을 성수하는 자세가 느슨해졌다. 새롭게 긴장해야 할 텐데. 최선의 길이란 항상 분명하고 당당한 것이다.

11월 1일

사역에 대한 열정이 더욱 치솟고 있다. 오! 그리스도께서 나를 충성스럽게 여기사 복음을 선포하는 일을 내게 맡기신다면 얼마나 좋을까?

12월 11일

헌신하기에 전혀 적당치 못한 이 마음! 기도가 아닌 기도를 하고 있다.

이로써 맥체인은 세상에 대한 모든 유혹을 물리치고 경건한 삶에 이르게 되었다. 죄 때문에 갈등하던 고민도 벗어버렸다. 심지어 세상의 친구들과도 단절했다. 그때부터 평생 하나님께 헌신하며 순종하는 삶을 살게 된 것이다. 세상으로 나아가려던 그의 습성은 결국 구원의 즐거움이 얼마나 값지고 보배로운 것인지를 가르쳐주시려는 하나님의 뜻이었다.

이처럼 죄의 습성까지도 도구로 사용하시는 하나님의 뜻이 신기하고 놀랍다. 맥체인은 주님을 위해 헌신을 맹세한 이후부터 신학 수업에 최선을 다했다. 자신이 배우고 있는 모든 것을 하나님의 일을 위해서 준비하는 것으로 생각했기 때문이다. 자기에게 주신 재능들 역시 모두 하나님께서 주셨다는 것도 깨달았다.

그런 소명을 깨달은 후부터 삶의 습관이 달라졌다. 공부하는 순간에도 기도하는 마음을 잃지 않았다. 기도는 매일 해야 할 최우선의 일이었다. 어느 날 그는 하루를 기도로 시작하는 일의 중요성을 다음과 같이 기록해놓았다.

하나님의 얼굴을 무엇보다 먼저 보기 위해, 그리고 내 영혼이 다른 것을 접하기 전 하나님을 먼저 만나기 위해, 하나님과 하루를 시작하는 것은 훨씬 좋은 것이다.

영적 세계의 비밀을 깨닫고 난 후부터 맥체인은 공부하는 일부터 시작하여 어떤 일을 하든지 항상 먼저 기도한 후에 하게 되었다. 특히 대학에서 학문에 힘쓰는 것까지도 곧 하나님을 위한 길이라고 생각했다.

신학 수업 역시 하나님을 위한 삶 자체라고 보았다. 또한 성결의 삶을 훈련하는 데도 최선을 다했다. 신학을 공부하면서도 늘 자신을 성찰하는 시간을 가졌다. 죄를 철저하게 회개하면서 성결한 삶을 유지하려고 애썼다. 그 무렵의 일기에는 그런 흔적들이 역력하다.

6월 14일

거의 하는 일 없이 보낸 저녁. 음악은 마음을 부드럽게 해
줄지는 모르지만 성결하게는 못한다.

6월 22일

태만은 죄에 이르는 길이다. 이 사실을 명심해야 한다.

6월 30일

자기 성찰의 시간. 복음을 전하면서 사는 삶이 그토록 자
주 내 생각의 주제가 되는 이유는 무엇인가? 나는 선교를
낭만적인 일로만 생각하고 있지 않은가? 세상 사람들의
존경과 관심의 대상이 되고픈 마음에서 그러는 것일까?

8월 13일

죄에 대한 분명한 깨달음이 있어야 다른 이의 의로움을

의지하게 되며, 죄에 대한 확신이야말로 그리스도인이 마음의 평화와 즐거움을 얻게 되는 진정한 이유가 된다.

그 무렵 맥체인은 하나님께서 자신을 복음 전도의 일을 위해서 사용하시리라는 확신을 갖게 되었다. 자신이 복음을 위해서 쓰임받을 것이라는 확신은 놀라운 감격을 갖게 해주었다. 그는 당시의 감격을 다음과 같이 말했다.

1834년 2월 26일

설교가 끝난 후, 한 영혼의 마음이 구세주의 은혜로 말미암아 녹아버렸다는 정말 귀한 소식을 듣게 되었다. 그렇게 된 것이 사실이라면 기도에 대한 응답이 아닐 수 없다. … 이 일을 이루신 하나님께 어떻게 감사하고 찬양 드려야 할지 알 수가 없다. 주여, 주께서 시작하신 일을 완전히 이루소서.

하나님을 위해서 쓰임받을 것이라는 감격 가운데서 며

칠 뒤 그는 다시 이렇게 썼다.

주여, 주님의 도구라기보다는 오히려 주님을 흠모하는 구
경꾼에 불과한 저를 통해 이 놀라운 일을 행하시다니 감
사합니다.

맥체인은 소외된 이들을 돌보는 일에 탁월한 자질이 있
었다. 또 죽어가는 사람들을 말씀으로 위로하는 일에도 능
숙한 솜씨를 보여주었다. 그런 목회적 자질과 영혼을 사랑
하는 뜨거운 가슴은 장차 복음을 위해서 쓰임받기에 충분
한 조건들이었다.

하나님께서 자신을 사용하실 것이라는 확신을 가진 후
부터 맥체인은 정기적으로 가난한 지역의 사람들을 방문
하는 일에 앞장섰다. 병든 자들을 돌보고, 복음을 알지 못
하는 자들에게 말씀을 전하는 일에도 열심을 다했다.

그러면서도 자신의 영적 성장을 위해서 노력을 아끼지
않았다. 당시 하나님 앞에 경건하게 살면서 놀라운 영향력

을 끼쳤던 사람들이 일찍 생을 마감했던 것은 맥체인에게 큰 도전이었다.

예를 들면, 길피스와 더햄은 36살에, 휴 비닝은 26살에, 앤드류 그레이는 24살에, 패트릭 해밀턴은 22살에, 존 제인웨이는 23살에, 데이비드 브레이너드는 29살에, 헨리 마틴은 32살에 생을 마감했다.

그런 사람들은 모두 짧은 생을 살았지만 하나님의 영광을 위해 살았다. 그들은 당대의 많은 사람을 크게 감동시켰고, 후대 사람들의 심금을 울리는 삶을 살았다. 그렇게 값지게 살았던 사람들을 생각하면서 맥체인은 늘 경건 생활, 영적 성숙에 전력을 다했다.

그 무렵의 일기를 보면 그가 하나님 앞에서 살려고 얼마나 애썼는지 잘 알 수 있다.

5월 9일

내가 나 자신을 노예 상태로 빠뜨리려고 할 때마다 하나님께서는 은혜로우시게도 나를 막아주셨다. 최소한 나는 실망 속에서도 감사하는 법을 배우게 되리라.

5월 21일

오늘로 나는 스물한 해를 살았다. 오, 나는 얼마나 길고도 가치 없는 삶을 살아왔던가. 주님, 당신은 아십니다. 네프 Neff는 서른한 살에 죽었다. 나는 언제일까?

8월 14일

한두 끼씩 금식하며 하나님의 은총을 구하는 기도를 드렸다. 오늘은 이미 고인이 된 나의 사랑하는 형이 태어난 지 30년이 되는 날이다. 오! 더 많은 사랑은 어찌하면 더 많은 평화를 얻으리라.

10월 17일

대화를 나누는 것을 피하고 혼자서 조용히 묵상했다. 죄악의 뿌리는 이것이니 우리가 하나님을 버리면, 그 결과는 하나님께서 우리를 버리시는 것이다.

11월 21일

내가 내 죄를 끊기 위하여 아무것도 하지 않고 있을 때 주
께서 나를 세속의 잠에서 깨우시기 위해 견디기 어려운
혹심한 재난을 내게 가져다주신다. 나는 무슨 수단을 써
서든지 하나님께 헌신하여 항상 깨어 있으려고 최선을 다
해야만 한다.

이와 같은 영적 싸움은 신학을 공부하면서 내내 이어졌
다. 맥체인은 '사역자가 되기 전에 먼저 그리스도 안에 있
는 신자가 되어야 한다'고 생각했다. 그는 거룩하신 주님
의 일을 감당하는 사역자가 되기 위해서는 많은 시간을 기
도로 보내야 하며, 보다 더 많은 성경 연구를 해야 한다는
것을 알았다. 신령한 은혜의 체험도 많아야 하며, 내적인
시련과 고통을 감당하는 능력이 있어야 한다는 것도 알았
다. 동시에 장차 사역자로 쓰임받기 위해서 모든 분야에서
철저하게 준비하는 일도 게을리하지 않았다.

성경을 원어로 읽고 연구할 수 있는 실력을 쌓아갔고, 성

경 지리와 유대 문학 등을 공부했다. 거기에다 다른 신학 과목들까지 두루 익혔다.

위대한 믿음의 선진들의 전기와 경건 서적들도 읽으면서 영적 도전을 받았다. 전기로는 존 뉴턴, 조나단 에드워즈, 데이비드 브레이너드, 토머스 보스턴, 사무엘 러더퍼드, 존 엘리엇의 생애 등을 읽었다. 경건 서적으로는 리처드 백스터의 《불신자를 향한 부름Call to the Unconverted》, 애덤스의 《사견》, 존 플라벨의 《묵상Meditation》, 존 번연의 《구원받은 예루살렘 죄인Jerusalem Sinner Saved》, 헨리 마틴의 《회고록Memoirs》, 러더퍼스의 《서한집Letters of Samuel Rutherford》 등을 읽었다. 특히 18세기 스코틀랜드 신학자이며 농촌 목회자였던 토머스 보스턴의 생애를 읽고 나서 일기에 이렇게 썼다.

나는 금식을 하면서 보스턴의 전기를 읽었다. 그와 같은 훌륭한 하나님의 사람에 비하면 나는 죽은 자다. 나는 나 자신이 이토록 메말라 있는데도 그 사실을 슬퍼하지 않은 것을 많이 슬퍼했다. 저녁이 되어서야 시편과 기도를 통해 우울한 마음이 진정되었다.

맥체인은 영혼에 눈을 뜬 이후 4년여 동안, 사역자가 되기 전에 먼저 주님을 뜨겁게 사랑하는 진정한 성도가 되기로 결심했다. 그리고 그것을 위해서 치열하게 자기와 싸우면서 준비에 준비를 거듭했다. 그렇게 준비하면서 선교에 대한 관심을 갖게 되었고 〈유대인 선교에 대한 연구〉라는 소논문을 써서 선교 헌신도 진지하게 생각하였다.

대교구의 부교역자 시절

맥체인은 신학 공부를 마친 후 1835년 1월 1일부터 복음을 전파할 수 있는 자격을 에든버러 노회로부터 인정받았다. 2월 16일에는 설교할 수 있는 인허증을 받기 위해 에든버러 노회에서 시험을 치렀다. 그는 시험을 앞둔 2월 15일 일기에서 이렇게 썼다.

내일 나는 노회에서 보는 시험을 치러야 한다. 필요한 때 하나님께서 내게 용기를 주시기를! 내가 무엇을 두려워하리요? 하나님께서 나를 사역자로 세우기를 원하신다면 누가 나를 막을 수 있으리요? 하나님께서 내가 그 일에 합당하다고 보지 않으셨다면 내가 주제넘게 나설 이유가 무엇인가? 하나님, 당신을 섬기기 위해 나는 나 자신을 몇 번이고 헌신하기를 원합니다.

다음 날 치른 개인적인 평가에서 합격한 후 헬라어, 신약 성경, 교회사, 조직 신학 등의 과목으로 본 공적인 시험에도 합격했다. 하지만 인허증 발부가 지연되자 다시 에든버러 노회 앞에서 히브리어 시험과 3편의 설교에 합격한 다음 1835년 7월 1일 설교자 인허증을 받게 되었다. 맥체인은 노회에서 복음을 전파할 수 있는 자격을 부여받았을 때의 감격을 일기에 이렇게 표현해놓았다.

안난 교회에서 시험적으로 3번 설교를 하고 히브리어 시험을 치른 뒤에 노회 의장인 모니로스 목사에게 복음을 전할 자격이 있음을 엄숙히 허락받았다. … 인간 최고의 영예로서 그토록 오래 바라오던 것을 주께서 나 같은 사람에게 … 주셨다. 어쨌든 이 순간 마땅히 느껴야 할 나의 무가치함을 온전히 느낄 수는 없지만 왠지 엄숙해짐을 느낀다. 겸손의 옷을 입어야겠다.

설교자 인허증을 받은 지 4개월 후, 1835년 11월 첫 주부터 존 보나르 목사가 시무하던 라버트와 두니페이스 교구의 부교역자로 청빙되었다. 그는 요청을 수락하면서 자신의 앞길을 하나님께 맡기며 다음과 같이 썼다.

나 자신에 관해서는 아무런 계획도 세우지 않는 것이 언제나 나의 목표이자 기도 제목이다. 왜냐하면 주님께서 나를 보내시는 그곳이 바로 내가 있어야 할 최선의 장소임에 틀림없다는 것을 확신하기 때문이다.

두 교구는 소속 교인이 6천 명이나 되는 거대한 교구여서 할 일들이 산더미처럼 밀려 있는 목양지였다. 특히 라버트는 광부들이 몰려 사는 산업도시였고, 두니페이스는 목자들과 소작농들이 사는 시골이었다. 원래 교구 교회는 라버트에 있었지만 나중에 두니페이스에도 교회가 세워져서 그 지역 성도들이 신앙생활을 할 수 있도록 배려했다. 맥체인은 그 교구에서 처음으로 설교한 후 그때의 느낌을 다음과 같이 말했다.

그리스도를 권세 있게 전한다는 것은 내가 생각했던 것보다 훨씬 두렵고 엄숙한 일임을 깨달았다. 그럼에도 그 일은 영광스러운 특권이다.

맥체인은 낯선 지역에 부임해서 첫 주일을 보내고 나서 아버지에게 이런 편지를 보냈다.

저는 이곳 라버트의 많은 회중 앞에서 이사야 1장으로 설교를 했습니다. 며칠 후에는 다시 에스겔 33장 10절 말씀을 본문으로 설교했습니다. 준비가 미흡했기에 설교가 끝났을 때 얼마나 감사했는지 모릅니다.

맥체인의 사역은 두 교회에서 번갈아가면서 설교하는 일과 교인들을 심방하는 일이었다. 사역을 시작하자마자 그는 영적으로 자신을 가다듬기 시작했다. 매일 시편을 읽으면서 경건의 시간을 가진 후 심방에 나섰고, 밤에는 늦은 시간까지 조나단 에드워즈의 작품을 읽으면서 부흥과 목회의 광맥을 찾고자 애썼다. 에드워즈에 이어서 사무엘 러더포드의 서간집도 탐독하면서 영적 무장에 온 힘을 기울였다. 한편으로 성경을 규칙적으로 읽고 연구하느라 밤이 새는 줄도 모를 정도로 힘을 다했다.

하지만 신학 수업을 막 마치고 시작한 새내기 사역자에게 비춰진 목회 현실은 냉혹하기 짝이 없었다. 사역지는 황폐했고, 영적 생명도 상실된 채 방치된 곳이었다. 사람들은 냉랭하여 좀처럼 마음의 문을 열지 않았다. 22살의 목회 초년생이 겪어야 할 목장의 현실은 얼음처럼 싸늘했다. 청년기의 비전으로 가슴은 뜨거웠지만 목회 현장에 산적해 있는 무거운 짐들을 지고 가기에는 역부족이었다. 최선을 다해 직무를 감당했지만 현실의 벽에 부딪혀 좌절과 아픔을 경험하기도 했다. 대부분의 영혼 위에 차가운 영적 기류만 흐를 뿐 목회자에 대한 순종도 찾아볼 수 없었다.

그런 현실 가운데서 맥체인은 아무리 자기를 희생해도 어떤 결실도 기대할 수 없다는 것을 깨달았다. 그런 척박한 곳에서 시간과 눈물과 땀과 피를 쏟아붓는다 해도 계란으로 바위를 치는 격이라는 것도 알았다. 목회자 앞에서는 많은 이야기를 나누지만 일단 돌아서면 마음이 돌같이 굳어버리는 현실 앞에 맥체인은 자신의 무력감을 느낄 뿐이었다. 이미 상할 대로 상해버린 목장은 인간의 부패한 죄성이 드러난 실상 그 자체였다. 순박하고 청순한 젊은 부목사 맥체인은 그런 냉혹한 현실을 이겨낼 수 없었다.

그런 차가운 현실 가운데서 맥체인은 어떤 미사여구美辭麗句 보다 십자가의 사랑이 담긴 설교만이 심령을 움직일 수 있다는 것을 알게 되었다. 결국 자신은 철저하게 낮아지고 오직 그리스도의 은혜와 성령의 능력을 의지하면서 모든 일에 최선을 다했다. 그리스도의 사랑을 품고 밤낮으로 심방했고, 설교를 담당할 때면 사력으로 말씀을 증거했다.

맥체인의 설교는 서론부터 결론과 적용에 이르기까지 주의 깊게 준비되었다. 그럼에도 불구하고 그는 설교문을 읽거나 강연하듯 하지 않았다. 몇 개월이 지난 후부터는 설교의 요지와 단락 그리고 중요한 개념들만 숙지한 후 하나님께서 주시는 영감을 따라 설교했다. 그런 설교가 청중의 심령을 움직이기 시작했다. 그는 강단에 서서 청중을 보는 순간 성령의 강권하심으로 인해 무언가 말하고 싶은 뜨거운 갈망이 생겨 견딜 수 없을 정도로 전신이 떨리는 경험을 종종 했다.

맥체인은 그런 식으로 성령의 감동하심을 따라 영감에 의해서 설교하게 된 계기를 다음과 같이 기록했다.

1836년 7월 12일

지난 주일 두니페이스로 가는 길이었습니다. 조랑말 튤리를 타고 제법 빠르게 가는 통에 제가 할 설교 두 편을 모두 어딘가에 흘리고 말았습니다. 저는 교회에 도착할 때까지도 설교문이 없어졌을 거라고는 꿈에도 생각하지 못했습니다. 그중 하나는 거의 기억조차 나지 않았습니다. 하지만 설교를 강행할 수밖에 없었습니다. 진땀을 뺐지만 오전은 그럭저럭 넘어갔습니다. 그러나 오후 시간을 생각하니 두려움이 몰려와, 혹시 책상에 원고를 두고 오지 않았나 해서 라버트로 사람을 보냈습니다. 하지만 헛수고였습니다. 하는 수 없이 그냥 설교를 해야만 했습니다. 그런데 오히려 설교는 평소보다 훨씬 더 좋았습니다. 사람에게는 막다른 골목이, 하나님께는 기회였던 것입니다.

당시 맥체인에게는 무척 당황스러운 일이었지만 이 사건은 후에 이어질 영광스러운 설교 사역을 준비하신 하나님의 섭리였다. 그 후부터 맥체인은 설교문에 의지하는 것보다 성령께서 주신 영감에 따라 말씀을 전했다. 물론 설교문을 철저하게 준비했음은 말할 나위도 없다.

그럼에도 불구하고 지식과 머리로 설교를 준비했던 것에 대해서 자신을 질책하며 반성하곤 했다. 게다가 말씀을 준비하면서 그 말씀이 자신의 가슴 속에 파고들어 깊은 은혜의 세계에 들어가기까지 기도에 몰입하곤 했다. 그는 설교를 통해 영혼을 깨우치려면 지적인 설교보다 가슴에서 우러나오는 영혼의 생수를 쏟아붓는 설교를 해야 한다는 것을 깨달았다.

하나님의 특별 훈련장에서

맥체인은 두 교구에서 밤낮없이 이루어진 고된 사역으로 인해 육신이 몹시 지쳐 있었다. 그가 보여준 많은 수고와 헌신에 비하면 극히 미미한 위안만이 그를 기다리고 있을 뿐이었다. 그럼에도 불구하고 맥체인은 모든 사역에 최선을 다했다. 말씀 준비와 설교, 심방 그리고 사역 전체에서 정신과 육체가 지치도록 힘을 다했다.

맥체인이 그토록 최선을 다해 교회를 섬긴 이유는 하나님께서 자신을 그곳으로 보내셨다는 확신 때문이었다. 두 교구는 그가 오랫동안 기도한 끝에 응답받았던 사역지였다. 그렇기에 극심한 정신적인 고통과 시련이 뒤따랐지만 인내하면서 사역에 최선을 다했던 것이다. 그는 자신의 미래와 사역을 전적으로 하나님께서 인도해주실 것을 굳게 믿었다.

라버트와 두니페이스에서 성도들을 치밀하고 섬세하게 관리했던 것은 두드러진 사역의 결실이었다. 맥체인은 설교 사역 못지않게 교인들을 집집마다 찾아다니면서 심방하는 것을 중요시했다. 당시 사역했던 일들을 소상히 기록해놓은 비망록을 살펴보면 그가 얼마나 뜨거운 가슴으로 영혼을 돌봤는지 알 수 있다. 알렉산더 스멜리가 남겨놓은 맥체인의 전기에 소개된 비망록의 일부는 다음과 같다.

22번 존 헝거

그는 집에 없었음. 부인은 현명해 보이는 외모에 단호한 여인. 4명의 죽은 자녀에 관해 이야기함. 그 외에 3명의 자녀가 있음. 1836년 7월 14일 심방. "내가 문밖에 서서 두드리노니"(계 3:20). 전체적으로 보아 품위 있는 여인임. 남편이 모임에 오기로 함.

23번 제임스 란킨

그는 일하고 있었음. 부인은 쉰 목소리에 주의 깊고 이해

심이 깊은 여인. 남편은 베티 데노반의 아들임. 지금 두 자녀가 있고 3명은 죽었음. 1836년 7월 14일 심방. '병든 아들 이야기'(요 4:46~54). 꾸밈없이 이야기함.

24번 알렉산더 맥럭키

붉은 머리의 남자. 정직하고 질문이 많은 얼굴. 부인은 현명한 여인임. 4명의 딸을 둠. 1836년 7월 14일 심방. 모든 관심을 아이들에게 돌려 어린 딸들에게 질문함. "어린아이들이 내게 오는 것을 용납하고 금하지 말라"(막 10:14). 부모에게 적용함.

이런 심방 기록들을 보면 맥체인이 지칠 줄 모르는 열정과 근면함으로 한 영혼, 한 영혼을 돌봤던 흔적들이 역력하다. 특히 교인들 중에 아픈 사람이 생기면 절박한 마음으로 그들을 찾아가서 위로하고 기도하곤 했다. 급한 일로 자신을 찾아온 사람을 그냥 돌려보낸 적이 없었다. 교인들을 심방한 후에는 반드시 기록을 남겨 그 후의 결과까지 반드시 점검했다. 그런 식으로 자기에게 주어진 사역을 위해 몸을 아끼지 않았다.

맥체인이 부교역자 시절에 보여준 또 하나의 주목할 만한 사역은 토요일 저녁에 가졌던 기도회였다. 맥체인은 부교역자 사역을 시작하면서 몇몇 친구들과 함께 토요일 저녁 기도 시간을 가진 이래 어떤 이유로든지 그 시간을 양보한 적이 없었다. 그는 후일 그 시간을 회고하면서 이렇게 말했다.

라버트와 두니페이스는 언제나 내 기억 속에 살아 있다. 그중에 영광스러운 주일을 위하여 기도드리던 토요일 저녁 시간에 대한 기억이 특히 그렇다.

맥체인에게는 기도가 사역의 근본이요, 출발선이었다. 그는 기도로 준비되지 않은 설교는 종교적인 교훈이나 강연에 불과하다고 생각했다. 그랬기에 설교 원고를 작성한다는 명분으로 기도 시간을 포기하는 일은 하지 않았다. 주일을 준비하면서 시급한 일이 없는 한 기도와 묵상 없이는 교인들 앞에 서지 않았다.

한편, 10개월 동안 라버트에서 사역하면서 건강 때문에 몇 주간 사역을 쉬어야 할 때가 있었다. 그는 지친 몸을 이끌고 쉬면서도 담임목사에게 이런 편지를 썼다.

만일 세 번째 주일까지 회복이 안 되면 어쩌지요? 도와주는 사람도 없이 목사님 혼자서 6천 명의 영혼들을 돌보게 한다는 것은 제 양심에 무척이나 걸리는 일이군요. 걱정이 됩니다. … 이 시간 제가 기도하고 바라는 것은 나를 다시 회복시키셔서 목사님과 목사님의 교구로 되돌려 보내는 것이 하나님의 뜻이었으면 하는 것입니다. 그렇게 되면 질병으로 인해 고통받는 심정이 어떠한지 알게 된 뒤라 죽어가는 자로서 죽어가는 이에게 더욱더 할 말이 많아지리라고 생각합니다.

맥체인은 질병 중에서도 하나님의 뜻을 찾았으며, 먼저

양 무리를 생각했다. 그리고 동시에 자신의 영적 상태를 점검하는 일도 게을리하지 않았다. 육신의 고통 가운데서도 밤낮으로 자기 영혼 속에 남아 있는 죄의 찌꺼기들을 제거하려고 애를 썼다. 지난 사역을 돌아보면서 자신의 게으름을 반성하고 회개하기도 했다.

맥체인은 부교역자 시절에 밤낮으로 뛰던 심방을 통해 선한 목자의 자세를 배웠다. 설교를 위해서는 그 어떤 것보다 기도의 준비가 가장 우선시되어야 한다는 것도 알게 되었다. 부임한 날부터 육신이 소진되도록 열심히 사역했지만 어떤 열매도 볼 수 없어 좌절감을 맛보기도 했다. 끊임없이 날아든 유혹의 칼날 앞에 쉽게 무너져버린 자신의 연약함도 깨달았다. 그런 자신의 모습을 보면서 더 많은 시간을 금식과 기도로 보냈고, 말씀으로 무장하는 훈련과정을 거쳤다.

하나님 편에서 볼 때, 맥체인의 그 시절은 그를 훈련시키시기 위한 하나님의 특별 훈련장이었던 셈이다. 그런 식으로 특별히 준비된 훈련장을 거친 후 맥체인은 마침내 더 놀라운 축복의 사역지로 나아가게 되었다. 10개월 후 라버트와 두니페이스 교구를 떠나면서 그는 다음과 같은 감동적인 기도를 남겼다.

주님, 저는 주님께서 축복하셨을 이곳 사람들을 위해 별로 한 일이 없는 것 같아 고개가 숙여집니다. 제 마음은 이들을 간절히 사랑하고 있습니다만, 그럴수록 제가 이들을 위해 한 일은 정말 보잘 것이 없습니다. 사실 지금까지 한 일의 열 배는 더 할 수 있었습니다. 모든 가정을 다 심방할 수도 있었고, 항상 사역자다운 언행을 보일 수도 있었습니다. 주님, 그런데 그렇게 하지 않고 늘 부분적이고, 불충분했던 저의 노력 위에도 축복해주시겠나이까?

자기 몸을 아끼지 않고 수많은 영혼을 돌보았으면서도 아무것도 한 일이 없다는 고백 속에 그의 겸손이 엿보인다. 그렇게 열정적으로 영혼을 사랑했으면서도 열 배나 더 많은 일을 할 수 있었을 것이라고 자신을 반성한 것을 보면 부끄러움을 느낀다. 극히 조그마한 일을 하고도 자신의 공로를 드러내기를 즐기는 우리들이 아니었던가! 모든 일에 자기 이름이 나타나지 않으면 못 견디는 우리의 모습과는 너무나 대조적이어서 맥체인의 고귀한 인격과 삶이 더욱 돋보인다.

3장

거친 비난을 기도로 승화하다

Robert M'Cheyne

성 베드로 교회 목사가 되다

맥체인은 부교역자 사역을 성공적으로 마치고 1836년 11월 24일, 23살의 나이에 목사 임직을 받은 후 던디의 성 베드로 교회 담임목사로 청빙받았다. 던디는 스코틀랜드 동북부에 위치한 중소도시로서 선박업과 섬유업, 그리고 가공 식품업이 활발한 신흥도시였다. 도시 산업이 발달되면서 인구가 급증했고, 도시의 규모가 점점 비대해졌다. 그런 추세를 따라 스코틀랜드 국교회(장로교)에서는 던디 시내 외곽에 약 4천여 명을 돌볼 수 있는 교회를 건축했다. 그 교회가 바로 성 베드로 교회였다. 이 신축 교회에서는 새로운 담임목사 후보자로 맥체인을 포함해서 4명을 선정했다.

후보자들은 모두 후일 스코틀랜드 교회사에 길이 남을 만한 걸출한 인물들이었다. 호레이셔스 보나는 유명한 찬송 작사가요, 저술가였으며, 호레이셔스 보나의 형제인 앤드류 보나는《레위기 주석》을 썼다. 후일 그는 맥체인의 전기를 쓸 정도로 역사적 안목이 뛰어난 학자였다. 나머지 1명은 알렉산더 서머빌로서 국내 사역뿐만 아니라 후일 스페인, 인도, 호주, 이탈리아, 러시아, 독일, 남아프리카, 그리스, 서아시아 등지를 다니며 선교 사역을 감당했던 목회자였다.

이 후보자들은 모두 20대 초반의 젊은 목회자들로서 장차 스코틀랜드 교회를 이끌고 갈 예비 지도자들이었으며, 영성과 지성을 두루 갖추었던 준비된 사역자들이었다. 맥체인은 자신을 포함한 4명이 담임목사 후보로 추천된 것에 대해서 아버지에게 다음과 같이 편지를 썼다.

결과에 관한 염려라면 마음을 비운 지 오랩니다. 선택은 모두 높은 곳에 계신 그분의 손에 달렸습니다. 그분은 강줄기를 바꾸듯 사람의 마음을 바꾸는 분이지요. 나의 가장 친밀한 교우들이 나의 라이벌이 된 것은 이상한 우연입니다. 그러나 우리는 서로 높여줄 것입니다. 제 생각으

넥서스CROSS

넥서스CROSS는 문서 사역을 통해 하나님을 알고(know), 하나님을 알리는 데(knowing) 가치를 둔 넥서스의 기독브랜드로 이 시대 기독교 지성을 대변하는 축복의 통로가 되어 순수 복음만을 담아냅니다.

단행본

영적 성장

성경 교재

청년·비전

자기 계발

NEXUS

넥서스CROSS

하나님의 놀라운 계획

제임스 패커 지음 | 정옥배 옮김 | 4×6판 양장 | 336쪽 | 13,000원

이 시대의 대표적 복음주의자인 저자가 성경에 근거하여 풀어 쓴 책이다. 인생의 굴곡을 통해, 참된 평안과 기쁨의 길로 인도하시는 하나님의 은혜를 느낄 수 있다. 하나님께서 왜 나에게 고난을 주시는지, 하나님의 계획은 무엇인지, 하나님의 뜻은 어떻게 알 수 있는지, 크리스천은 과연 어떻게 살아야 하는지에 대한 의문을 해결해보라.

하나님의 여행자

브렌트 빌 지음 | 장태수 옮김 | 국판 변형 | 216쪽 | 10,000원

성령은 우리를 하나님께 가는 길로 인도하는 나침반이다. 그리고 우리는 한 치 앞도 예측할 수 없는 인생길을 걷는 여행자이다. 나의 계획을 내려놓고, 거룩한 나침반으로 흔들림 없이 목적지에 도착하라. 성령과 함께하면 하나님이 예비하신 멋진 여행을 즐길 수 있다. 떠날 준비가 되었는가? 나의 지도를 버리고 하나님과 여행을 시작하라.

믿음으로 유턴하라

찰스 스탠리 지음 | 김명화 옮김 | 4×6판 양장 | 192쪽 | 9,000원

매번 같은 문제로 넘어지는가? 과연 하나님의 인도하심을 받고 있는지 의문스러운가? 그렇다면 앞이 보이지 않는 지금이 바로 인생의 방향을 전환할 때이다. 더 이상 마음의 '이기적인 갈망'에 기대지 말고 '하나님의 신호'에 순종하라. 이 책은 인생의 터닝 포인트가 필요한 당신에게 믿음의 도전을 줄 것이다.

관계 필터링

게리 스몰리 지음 | 김태오 옮김 | 신국판 변형 | 184쪽 | 9,000원

삶이 잔뜩 꼬인 것 같고 더 이상 비전이 없어 보이는가? 나만 힘든 일을 겪는 것 같아 불평불만이 그칠 날이 없는가? 아직도 자기중심적인 삶에서 벗어나지 못하고 매사에 짜증이 난다면, 이 책에서 제시하는 방법을 통해 하나님과의 관계를 점검하고 그분을 삶의 중심에 모시라. 하나님과의 관계가 회복되면 우리 삶도 회복될 것이다.

4:8

토미 뉴베리 지음 | 정성묵 옮김 | 4×6판 양장 | 220쪽 | 11,000원

빌립보서 4장 8절로 삶을 디자인하라! 더 나은 건강과 성공, 행복한 결혼과 목적 충만한 삶. 아직도 '더' 나은 무언가를 생각만 하는가? 부정적인 렌즈에만 맞춰져 있는 당신의 지루한 일상을 빌립보서 4장 8절 말씀으로 디자인하라! 이 말씀으로 삶의 원칙을 세우고 생각하고 발견한다면 당신의 삶은 기쁨으로 충만해질 것이다.

넌! 크리스천

빈스 앤토누치 지음 | 마영례 옮김 | 신국판 변형 | 228쪽 | 9,800원

교회가 재미없고 지루하게 느껴지는가? 따분하고 무미건조한 종교에 실망하고, 성경을 하나의 역사로 생각했던 무신론자가 목사가 되어 전하는 생생한 영적 모험기! 교회는 재미없고 지루한 곳으로, 믿음은 형식적인 것으로만 생각하는가? 진정한 신앙인으로 거듭난다면 당신의 믿음은 한층 더 성숙할 것이다.

결혼생활의 깊은 문제를 해결하는 기도의 힘

스토미 오마샨 지음 | 마영례 옮김 | 신국판 변형 | 312쪽 | 12,000원

크리스천 부부를 위한 심리치유서이다. 자신을 변화시키는 것도 쉬운 일은 아니지만 배우자를 변화시키는 것은 더욱 어려운 일이다. 그러나 기도를 통한 하나님의 능력으로 두 사람 모두 다 변화될 수 있다. 이 책을 통해 삶을 변화시키는 하나님의 '기적'을 맛보며 결혼생활의 어려움을 기도의 능력으로 회복하기를 바란다.

나쁜 목사님?

여성훈 지음 | 신국판 변형 | 256쪽 | 9,800원

"우리 목사님 바꿔주세요"하고 불평하기 전에 꼭 읽어야 할 책이다. 큰 기대 없이 읽기 시작했다가 점점 빠져들고, 책장을 덮을 때쯤이면 우리 목사님과 우리 성도들이 다르게 보일 것이다. '피식' 웃음이 나오는 이야기, '글썽' 눈물이 나오는 이야기를 읽으며 결국 우리가 먼저 바뀌어야 함을 깨닫게 된다. 또한 자신도 모르게 몽글몽글한 사랑이 샘물처럼 솟아나는 것을 느낄 수 있다.

로는 회중이 약간의 판단력만 있어도 앤드류 보나를 담임 목회자로 택할 것입니다. 그는 학식이 많고 체험적인 지식이 있으며, 목회자의 자질이 내가 아는 어떤 사람보다 훨씬 뛰어납니다.

당시 성 베드로 교회는 교구 내에 있는 4천여 명의 주민들 중 교인이 1,100명이나 되는 대교구였다. 예배당의 좌석도 1,174석이나 되었고, 스코틀랜드의 중심적인 교회였다. 그런 교회의 담임목사직은 젊은 목회자라면 누구든지 한 번쯤 욕심낼 만한 자리였다. 그럼에도 불구하고 후보자들은 서로를 높이며 주의 뜻을 구했다. 맥체인 역시 자신을 위해 좋은 자리를 탐하지 않고 상대 후보를 인정하고 높여주는 겸손한 자세를 잃지 않았다.

한동안 기도로 준비한 후에 성 베드로 교회는 투표에서 절대 다수의 지지를 받은 맥체인을 담임목사로 청빙했다. 임직 후 목사로서 행했던 맥체인의 첫 설교는 이사야 61장 1~3절을 본문으로 '주 여호와의 신이 내게 임하였으니'라는 제목의 말씀이었다. 그 설교는 자신을 일깨운 계기가 되었다. 후일 임직 시 받았던 영적 교훈과 은혜를 상기하기 위해서 매년 임직 기념일이 되면 그 본문으로 설교하곤 했다. 저녁에는 라버트에서 섬겼던 보나르 목사가 맥체인의 새로운 사역을 축하하면서 말씀을 전했다. 성 베드로 교회의 새로운 시대를 예고하듯 '새롭게 될 시대'라는 제목으로 들려준 설교에 맥체인은 큰 감동을 받았다. 그날 맥체인은 헌신을 다짐하면서 일기에 이렇게 썼다.

장차 올 시대의 표징들을 잘 보여주는 귀한 설교였다. 아! 우리가 이 땅에서 그러한 시대를 맞이하게 될 날은 언제인가? 주여, 이 말씀에 축복하셔서 그날이 속히 오도록 하소서. 이날을 축복해주소서! 나는 하나님께서 값 주고 사신 몸이니 이 몸을 온전히 그분께 드려야겠다.

담임목사로 사역을 시작하면서 맥체인의 영혼은 급속히 성장했다. 주변 사람들이 맥체인의 영혼이 성령으로 충만해 있음을 금방 알아차릴 수 있을 정도였다. 맥체인 자신도 영적으로 충만해 있으니 기쁨이 넘쳤고, 설교를 준비하는 일도 훨씬 쉬워졌다고 말하곤 했다. 매일 분주한 사역들로 인해 기진맥진할 때가 많았지만 잠잘 시간까지 절약하면서 말씀 연구와 기도에 전력했다. 매일 자리에서 일어나자마자 시편 찬양을 부르면서 영혼을 깨웠다. 아침 식사 전에는 매일 헌신의 시간을 가졌고, 오전 시간에는 영혼에 풍성한 영양을 공급해주기 위해 언제나 시간을 따로 떼어 놓았다.

개인적으로 경건의 시간을 가질 때는 누구도 그 시간을 방해할 수 없었다. 맥체인은 그런 경건의 시간을 통해서 자신의 영적 문제에 대한 해답을 발견하곤 했다. 이를테면, 데살로니가전서 2장을 통해서 사역자는 어떻게 해야 하는지 답변을 찾은 적이 있다.

1. 하나님을 힘입어(살전 2:2) — 하나님을 가까이하고 하나님께 사랑스러운 사람의 용기, 하나님이 그 안에 거하

시는 사람에게 주어지는 용기를 가져야 한다.

2. 많은 싸움 중에 — 하나님과 싸우고 사람과 씨름해야겠
다.

3. 복음을 너희에게 전하였노라 — 복음을 말하는 목소리,
좋은 소식의 천사가 되어야 한다.

4. 간사함이나 부정에서 난 것이 아니요(살전 2:3) — 오직
하나, 그리스도의 영광만 바라보며 그것에 열려 있어야
한다.

5. 속임수로 하는 것도 아니라 — 마음과 눈과 언사를 살
펴야 한다.

이런 식으로 말씀에서 영적인 문제나 사역의 답변을 찾
아 삶과 사역의 지침서로 삼았다. 주님께서는 말씀을 붙들
고 사역에 매진한 맥체인에게 많은 축복을 주셨다. 3개월
마다 한 번씩 거행한 성찬식에도 성령의 역사가 나타났다.
성찬식을 할 때는 종종 친한 동역자들에게 도움을 구했다.
그럴 때마다 동역자들이 그의 요청에 기꺼이 응했고, 회중

가운데 임한 신령한 축복을 함께 나눴다. 성찬 방식에 있어서도, 예식에 참여할지라도 회개하지 않는 사람들은 성찬에 참여해서는 안 된다고 주장하였다. 자기 자녀들에게 세례를 베풀어달라고 찾아오는 사람들에게는 항상 "구원 받았느냐?"고 묻는 것이 습관이었다. 그런 원칙에 따라 성례를 거행할 때 그동안 무분별하게 성찬에 참여해왔던 성도들이 자신의 잘못을 깨닫고 회심하는 역사가 일어났다.

지칠 줄 모르는 영혼 사랑의 열정

던디의 사역은 점점 더 뜨거워졌다. 시간이 지나면서 온 교회가 담임목사의 영향에 의해서 큰 은혜를 받았다. 나아가 말씀을 들은 영혼들이 잠에서 깨어났다. 그런 영적 바람이 던디 시내와 스코틀랜드 여러 지역으로 퍼져 나가게 되었다. 맥체인은 자신의 목장에 하나님의 축복이 임한 것을 직감하면서 겸손한 자세를 잃지 않았다. 하지만 그런 축복을 시기하는 사람들이 여기저기에서 일어나기 시작했다.

한편에서는 맥체인을 비판하는 소리도 들려왔다. 젊은 목사의 활기찬 목양이 주변 목회자들에게 질투의 대상이 된 것이다. 주로 형식적이고 거만한 성직자들이 맥체인을 비판하고 나섰다. 지금까지 불경건하게 살아오던 사람들은 노골적으로 맥체인을 미워하기도 했다.

그런 비판과 비난에도 불구하고 맥체인은 흔들림이 없

었다. 오히려 그를 공격하는 사람들에게 관용을 베풀었다. 더욱이 아무리 비난이 거칠게 일어나도 마음이 흔들리지 않았다. 그런 시련 중에도 자신을 돌아보며 거룩한 삶을 유지하려고 더욱 기도에 힘썼다. 주변 사람들의 거친 공격은 맥체인을 기도의 골방으로 이끌어준 안내자와 같았다. 맥체인 역시 그런 시련들은 자신을 더 겸손하게 하려는 하나님의 축복이라고 생각했다. 그렇게 기도하면서 자신에게 맡겨주신 영혼들을 돌보는 일에 더욱 매진했다. 자신의 섬김으로 성도들의 영혼이 깨어나는 것을 볼 때마다 큰 기쁨을 누렸고, 자기의 헌신으로 많은 영혼이 위로받는 것을 보고 감사를 그치지 않았다.

맥체인이 얼마나 열정적으로 영혼들을 돌봤는지 그의 일기를 보면 알 수 있다.

1837년 1월 4일

S부인을 심방했다. 그녀는 천식으로 매우 심각한 상태에 있었다. '그리스도 안에 있는 이에게는 정죄함이 없다'는

것에 대해 이야기했다. 그러자 그녀는 매우 불안한 표정으로 "그러면 제가 그리스도 안에 있나요?"라고 채근하면서 물었다.

1월 25일

오랜 병으로 쇠약해진 24살의 젊은 처녀 맥베인을 방문했다. 그녀의 병은 호전되기도 하고 악화되기도 하면서 10년을 끌어왔다고 한다. 그녀에게 《필요한 한 가지》라는 책의 내용을 알아듣기 쉽게 이야기해주었다. 그녀는 조용히 듣기만 했다.

1838년 9월 26일

즐거운 심방 날이었다. 모두 열두 가정을 심방했다. 아무 데도 가지 않고 기다려준 가정이 많이 있었다. 출발하기 전에 묵상과 기도로 마음을 준비하는 것은 가장 중요한 일이다.

1839년 2월 5일

갑자기 심방 요청을 받았다. 가서 보니 거의 죽기 직전에 있는 한 병자였다. 무관심한 가족이었다. 많은 사람이 환자 주변을 둘러싸고 있었다. 예수님의 자유케 하시는 은혜, 그분의 구원의 충족성에 대해서 이야기했다.

1840년 1월 20일

여섯 가정을 심방하였다. 각 가정마다 신앙의 분위기가 새로워진 것 같다.

이렇듯 지칠 줄 모르는 영혼 사랑의 목양이 맥체인 사역의 특징이었다. 그는 영혼을 돌보는 일이라면 어떤 희생도 마다하지 않았다. 주님처럼 선한 목자가 되어 영혼을 돌아보는 일이 자신의 소명인 것을 알았기에 육신이 지쳐 쓰러지는 한이 있어도 그 일을 포기할 수 없었다. 그처럼 맥체인은 성령께서 자신을 감독자로 세우신 교회의 양 떼를 향한 애정을 감출 수 없었다. 하지만 하루 6시간의 심방과 상담을 요청하는 사람들의 방문, 그리고 설교 요청 등은 건강을 해치게 하는 요인이 되었다.

그럼에도 불구하고 교인들에게는 자신의 연약함을 드러내려고 하지 않았다. 연약한 육신을 염려하는 교인들에게 이렇게 말하곤 했다.

어제 설교한 덕분에 몸이 훨씬 좋아졌습니다. 모든 가벼운 감기 증상에는 설교가 최고의 치유책입니다.

아들의 건강을 염려하던 어머니에게도 다음과 같은 편지를 남겼다.

저의 기침은 마치 한 무더기의 돌멩이들이 채석장 안으로 떨어지는 것처럼 고삐 풀린 불평으로 변하고 있습니다. 그 밖의 다른 모든 부분에서 저는 건강하고 생기가 넘칩니다.

맥체인의 절친한 친구이자 의사였던 깁슨 박사조차 자신의 건강을 돌보지 않고 사역에만 전력하는 그의 열정을 막을 길이 없었다. 그러다가 1838년 겨울에는 건강 때문에 몇 주 동안 교회를 떠나 있어야 했다. 원래 맥체인은 병약한 데다가 심장에 압박을 받아 호흡 곤란을 느낄 때가 종종 있었다. 그때마다 맥체인 자신도 폐에 고질적인 이상이 있음을 감지했다. 게다가 몇 개월 전 낙상으로 인해 가슴에 충격을 받은 것 때문이었던지 병을 앓고 말았다. 결국 몇 주 동안 던디를 떠나 에든버러의 집으로 가서 휴식을 취해야 했다.

에든버러에서 휴식을 취하고 있을 때 맥체인은 자신의 건강을 염려하면서 편지를 보내준 친구 그리어슨에게 다음과 같은 답장을 보냈다.

지금도 심장 박동이 전과 같이 일정한 상태로 회복되지 않고 있다네. 물을 긷는 내 두레박은 더욱 천천히 움직이고 있는 것 같아. 금으로 된 내 두레박의 은 가닥이 느슨해지고 마침내 두레박 자체가 깨지기 전에 하늘에 계신 아버지께서 그분의 섭리 가운데 내 생명을 조금 더 연장시켜주시기를 바랄 따름이야.

이처럼 생명의 위협을 느끼면서도 맥체인은 자신의 생명을 하나님께 맡겼다. 그는 자신이 겪고 있는 고통의 순간이 결코 헛된 시간이 아니라는 것도 깨달았다. 1839년 1월 5일 다시 그는 친구에게 이런 편지를 보냈다.

나는 이런 고통의 시련이 오히려 나에게 축복이 되기를 바라고 있다네. 나는 하나님께서 나를 이처럼 고통스럽게 하실 충분한 이유가 있다고 생각하네. 때때로 우리는 너무나 많은 활동에만 몰두한 나머지, 자신을 위하여 은혜를 구하고 회개하며 자신을 성찰할 만한 시간적인 여유를 갖지 못함으로써 결국 죄를 짓게 되는 경우가 많다고 생각되네. 따라서 나는 주님께서 나를 사람들 가운데서 멀리 떠나게 하시는 그때야말로 참으로 축복된 때라고 생각하네. 진실로 조용한 몸과 마음으로 영원한 세계를 명상하는 순간만큼 우리에게 인간의 헛된 명예욕과 이기심과 쓸모없는 영광의 공허함을 깨닫게 해주는 때는 없을 것일세. 그리고 그러한 때에야 우리들은 조용히 그리스도 앞에서 자신을 비춰보게 된다네.

맥체인은 시련의 때를 자신을 진지하게 돌아보는 기회로 삼았다. 그동안 사역 가운데서 얼마나 자신의 영광을 추구했는지도 반성했다. 그는 가시적으로 드러나는 목회의 성공은, 교인들이 목회자를 우상화시킬 수 있다는 위험이 있다는 것도 알게 되었다. 목회자들 역시 교인들의 그런 태도를 즐기며 은근히 교만에 빠지기 쉬운 경향이 있다는 것도 발견했다.

그는 몸이 회복된 뒤 다시 던디로 돌아왔으나 그 이듬해 초 봄에는 더 심각한 상태에 이르고 말았다. 그가 몇 개월 동안 교회를 떠나 있을 때 교인들은 슬픔에 잠겼다. 어떤 교인은 담임목사가 병상에 눕게 되자 "우리의 금촛대이자 빛나는 별"을 잃었다고 할 정도였다. 어떤 교인들은 담임 목사의 건강 상태를 알아본 후 교회에서 그의 건강을 돌봐 드려야 한다고 서명을 벌이기도 했다. 그러는 사이에도 맥 체인은 병상 중에 목회 편지를 써서 교인들을 안심시켰다.

~

특별 기도와 금식으로

~

특별 기도와 금식은 맥체인의 사역 동안 내내 이어졌던 영적 생명의 통로였다. 그런 식으로 날마다 자기를 성찰하며, 영혼의 성장을 위해서 끊임없이 노력한 습관은 세상을 떠날 때까지 계속되었다.

매일 하나님과 깊은 교제 가운데서 누렸던 영적인 부요함도 여생 동안 그치지 않았다. 실로 맥체인은 기도의 사람이었다. 그의 영광스런 사역은 기도의 산물이요, 능력 있는 설교 역시 기도의 열매였다. 그는 아침에 눈뜰 때부터 잠자리에 들 때까지 기도를 쉬는 법이 없었다. 그의 기도생활을 알려주는 진술을 들어보자.

나는 하루의 가장 좋은 시간을 하나님과 교제하는 데 보냈다. 그 시간은 가장 귀중하고도 효과적인 사역의 시간이며, 어떠한 문제가 있더라도 그것을 해결받을 수 있는 시간이다. 졸음이 오는 것을 이기고 맑은 정신을 유지할 수만 있다면 아침 6시에서 8시까지의 시간은 아무에게도 방해받지 않는 가장 좋은 시간이며 하나님과 교제하는 데 가장 알맞게 사용할 수 있는 시간이다. 아침 식사 후 얼마 동안 다른 사람들을 위한 기도를 할 수 있을 것이다. 차를 마시고 난 후의 시간은 내게 있어 가장 좋은 시간이다. 그 시간에 나는 가능한 한 엄숙히 하나님을 향해야 하겠다.

맥체인은 틈만 나면 하나님과 깊은 교제를 위해서 조용한 시간을 가졌다. 그는 회중 앞에 나서기 전에 하나님과 교통하는 시간을 소홀히 할 수가 없었다. 기도를 통해서 하나님 사랑의 호수 안에 온 몸이 잠기기를 원했다. 그는 능력 있고 활기찬 사역을 위해서는 기도가 절대적으로 필요하다고 생각했다. 그의 일기를 보면 매일 기도에 전력했던 흔적들이 역력하다.

4월 16일

많은 기도를 드렸고 평강이 넘쳤다. 오직 성경을 읽었다.

9월 27일

금요일 대부분 시간을 금식했다. 겸손해지고 새로워졌다.

9월 30일

내 일에 매우 행복감을 느낀다. 아침에 기도를 너무 적게 했다. 토요일에는 좀 일찍 잠자리에 들어야 하겠다. 그래야 날이 새기 전에 일찍 일어날 수 있을 테니까.

1840년 1월 1일

하나님의 은혜로운 도우심으로 일찍 일어나서 여명이 채 되기 전부터 기도에 전념하는 시간을 가졌다.

이런 식의 기도와 금식은 신학 수업을 할 때부터 이미 몸에 배인 습관이었다. 그렇게 간절히 기도한 후에도 여전히 죄에 대한 갈등이 끊이지 않았지만, 지속적인 기도는 그의 영적 생활을 지탱해준 버팀목이요, 영혼의 생명을 유지해주었던 호흡이었다. 사역에 뛰어들기 전부터 습관이 되어온 기도생활은 부교역자 시절과 담임목사로 사역하던 목장에서도 중단된 적이 한 번도 없었다. 지쳐 쓰러질 듯한 육체적 고통 중에도 때로는 온종일 하나님과 교제하며 기도에 몰입하던 때도 있었다. 때로는 금식이나, 특별 기도를 통해서 영적인 힘을 얻기도 했다.

주일 아침에는 일찍 일어나 기도하려고 평생 노력했다. 그 시간은 다른 어떤 일보다 오직 기도에만 힘쓰는 시간이었다. 그렇게 준비한 목회를 위한 기도에 대해서 어떤 사람은 "그의 기도는 이미 하늘나라에 살고 있는 숨결과도 같다"고 말할 정도였다. 맥체인은 기도가 없으면 목회뿐만 아니라 삶 자체도 지탱할 수 없다고 생각했다. 강단에 오르기 전에는 늘 짧막한 기도를 드렸다. 하나님을 위해, 말씀을 전파하기 위해 나아갈 때 그분의 도움을 구해야 하며, 그분을 경외하는 마음을 가져야 한다고 생각했다.

맥체인은 늘 두렵고 떨림으로 하나님을 경외하는 심정으로 강단에 올라갔다. 설교할 때마다 하나님께 비상한 도움을 구했다. 설교 원고의 맨 앞이나 끝에는 다음과 같이 긴급한 기도가 쓰여 있었다.

주여 도우소서! 도우소서 주님, 도우소서! 은혜의 소나기를 내리소서! 저를 용서하소서! 성령을 내려주소서! 주여, 영광을 받으소서! 내 입이 흔들리지 않게 붙잡아주소서!

맥체인의 설교 스타일은 주로 자신의 체험을 이야기하는 것이었다. 그는 설교 원고를 읽어내려가는 것은 성령의 인도하심에 방해된다고 생각하면서 자유롭게 설교하려고 애썼다. 설교의 처음부터 마지막까지 온전히 성령의 손길에 맡기고자 했다. 그는 설교 전에 먼저 자신의 마음을 준비하기에 힘썼다. 그러기 위해서 매일 아침 일찍 하나님을 찾았다. 그는 이렇게 진술했다.

하나님을 찾기 위해 일찍 일어났다. 내 영혼이 사랑하는 그분을 찾았다. 그런 좋으신 분을 만나기 위해서라면 누군들 일찍 일어나지 않으랴.

하나님과의 교제를 위해서 일어나 기도 시간을 가졌고, 찬송과 시편 말씀을 읽은 후 하루 일과를 시작했다. 그런 기도생활과 경건의 시간은 양 떼를 먹일 준비라기보다는 자신의 영혼에 신령한 양식을 공급하기 위함이었다. 그는 무슨 일을 할 때마다 최소한 한 시간은 하나님과 교제한 후에 할 것을 주장했다. 특히 토요일에는 아무런 방해도 받지 않고 온종일 기도와 묵상으로 말씀을 준비했다. 영광스런 주일을 위해서 기도의 시간을 많이 가졌던 것이다.

교인들에게는 매주 목요일 저녁에 기도 모임을 갖게 해서 기도에 힘쓰도록 했다. 그렇게 기도에 힘쓰는 가운데 어떤 사람들은 주일보다 기도 모임 때 큰 은혜를 받는 경우도 많았다고 회고하기도 했다. 맥체인은 기도회를 이끌었던 방법에 대해서 다음과 같이 기록했다.

나는 우리 성도들에게 내 마음속에 숨겨진 성경 말씀들, 곧 성령의 약속과 성령 충만으로 인해 나타나는 놀라운 결과들에 관한 말씀들을 전한다네. 설교 시간은 약 20분 정도이네. 설교를 시작하기 전에 기도하고, 끝난 뒤에 다시 기도한다네. 그러고 나서 교회 부흥에 관한 역사적 실례들을 잠깐 읽고 간단하게 그것을 논평한다네. 나는 사람들이 기도회에 매우 흥미를 갖고 있다고 생각하네.

맥체인은 교인들뿐만 아니라 주변의 목회자들과도 기도 모임을 가졌다. 그는 지역 사람들이 구원받기를 간절히 원하는 마음으로 매주 월요일 오전 목회자들과 함께 모였다. 한자리에 모인 목회자들은 돌보고 있는 교인들과 자신의 영혼을 위하여 기도하였다. 기도회 시간은 한 시간 반으로 제한되어 있었다. 그렇기 때문에 사람들은 목회에 별 지장을 받지 않는다고 생각했다. 여러 목회자들이 부담 없이 참석해서 기도에 열심을 내었다. 그들은 모여서 기도뿐만 아니라 그리스도의 사자로서 행해야 할 의무에 대해서 진지하게 토론하기도 했다.

그는 동역자들과 모일 때마다 목양과 거룩한 삶에 대한 주제들을 함께 나눴다. 그런 기도 모임을 통해서 맥체인 자신도 큰 도전을 받았으며, 주변의 목회자들도 많은 유익을 얻게 되었다. 맥체인은 동역자들과 그런 기도 모임을 가지면서도 행여나 틈타고 들어올지 모르는 세속적인 명예의 유혹을 경계했다. 높아지려는 마음이나 이름을 드러내고 싶은 유혹이 들 때마다 회개하면서 겸손한 자세를 잃지 않으려고 부단히 노력했다.

한편, 맥체인은 교인들과 교회 현실에 실망을 느낀 목회자들을 격려하는 데도 시간을 할애했다. 그런 목회자들을 위해 특별 기도를 드린 후에 편지로 격려하기도 했다. 시련을 겪고 있는 친구들에게도 신앙적인 충고와 위로의 편지를 많이 썼다. 그는 목회자들을 귀하게 여겼고, 노회에서 충성된 일꾼들이 배출된 것을 기쁨으로 여겼다. 그러기에 맥체인은 사역 기간 내내 노회의 공식 활동에도 관심을 잃지 않았다. 1838년 9월 20일자 일기에는 이렇게 기록했다.

콜레이스에 가게 된 A. B의 임직식에 기쁜 마음으로 출석
했다. 이러한 목회자를 허락하신 하나님께 찬양드린다.
주여! 그가 주님의 은총을 증거하게 하소서.

맥체인의 사역이 점점 더 왕성해지자 다른 여러 교구에
서 그를 청빙하려는 움직임이 있었다. 그의 설교를 듣고자
하는 바람 때문에 스컬링 교구에 초청을 받아 수개월 동안
던디 교구를 돌보지 못한 때도 있었다. 맥체인이 그 교구의
특별 집회를 마치고 돌아올 때 그 교구의 장로들은 성 베드
로 교회보다 훨씬 더 많은 사례비와 더 좋은 조건들로 그를
청빙하겠다고 제안했다. 그 제안을 받은 후 맥체인은 아버
지에게 보낸 편지에서 자신의 감정을 솔직하게 표현했다.

저는 거의 4천 명에 달하는 사람들을 맡고 있습니다. 그
가운데서 1,100명의 사람들이 우리 교회에 출석하고 있습
니다. 저는 주일마다 그렇게 많은 사람 앞에서 설교합니
다. 저는 3백 명의 사람 때문에 3천 명 혹은 4천 명의 사람

들을 감히 버리지 못합니다. … 그분은 저를 이 믿음 없는 도시에 살고 있는 시끄러운 기계공들과 정치성이 풍부한 직공들 사이에 앉히셨습니다. 하나님께서 돈을 충분히 주실 것입니다. 물고기의 입에서 나온 돈으로 세금을 내게 하신 그분께서 저의 모든 필요를 채우실 것입니다.

맥체인은 건강이 좋지 않았기 때문에 던디와 같은 복잡한 도시보다는 조용한 농촌에서 목회하는 것이 낫겠다는 생각을 한 적이 있었다. 그러던 중에 던디 주변의 퍼스 지역의 성 마틴 교구에서 담임목사로 청빙하고자 하는 제안을 다시 받았다. 하지만 맥체인은 그 제안도 정중히 거절했다. 그는 사역지를 옮기는 문제를 놓고 전적으로 하나님의 인도하심을 받으려고 했다. 외적으로 좋은 여건이나 환경, 그리고 더 좋은 대우보다 오직 하나님의 뜻을 구했다. 그는 하나님께서 보여주시는 구름기둥으로 친히 인도하시지 않는 한 목양지를 쉽게 옮기려고 하지 않았다.

4장

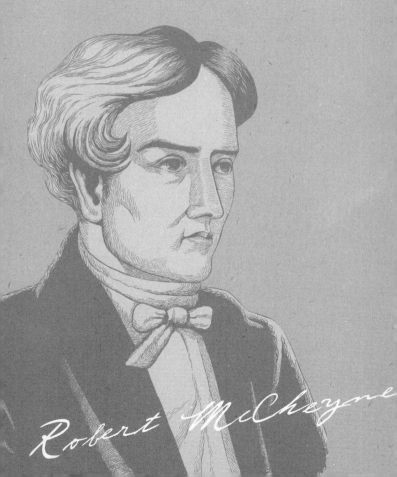

성경 읽기의 중요성을 남기다

Robert McCheyne

맥체인 성경 읽기표

성 베드로 교회의 좌석은 맥체인이 부임한 후 곧바로 가득
차게 되었다. 몰려드는 회중으로 인해 더 이상 앉을 자리가
없어 복도와 강대상 근처까지 북적대는 현상이 나타났다.
맥체인이 설교하기 위해 입을 열기만 하면 누구든지 심령
이 소생되었다. 어디에서든 그의 설교에는 감동이 넘쳤고,
그로 인해 회중의 영혼이 깨어났다. 그리스도를 알지 못했
던 사람들은 그의 설교를 듣고 복음의 진리를 곧바로 깨우
쳤다. 그리고 이미 믿고 있는 영혼들은 깊은 잠에서 깨어나
는 축복을 누렸다.

　1843년 1월 중순 사역 말기에 이르러 콜레이스를 방문
하여 설교했을 때, 어떤 사람은 마치 그의 설교가 죽은 자
들을 깨우는 나팔소리와 같다고 회고하였다. 린트라덴에
서 설교할 때는 사람들이 만사를 제쳐놓고 그의 설교를 듣

기 위해서 모이기도 했다. 그가 설교를 시작하면 청중은 곧 그의 거룩한 모습과 능력 있는 말씀에 사로잡혔다. 맥체인이 설교를 마치고 떠나려고 할 때면 자신들에게 머물러 있으면서 계속 설교해달라고 간청하기도 했다. 맥체인의 설교가 많은 사람에게 영향력을 끼칠 수 있었던 것은 능력 있는 말씀의 역사 때문이었다.

맥체인은 말씀을 사랑했다. 그에게 있어 설교란 하나님의 말씀을 전하는 것 외에는 어떤 의미도 없었다. 설교에 있어서 자신은 하나님의 말씀을 전하는 도구에 불과했다. 그렇기 때문에 그는 가장 우선적으로 성경에 깊은 관심을 갖고 구약과 신약을 규칙적으로 공부했다.

신학을 공부할 때 익혔던 헬라어, 히브리어는 성경 연구와 묵상에 많은 도움이 되었다. 특히 목회 일정 가운데서 오전 시간은 영적인 양분을 공급받기 위해서 따로 떼어 놓았다.

맥체인이 그 시간에 읽었던 성경 분량은 보통 세 장이었다. 그렇게 성경을 읽고 나서 주일 아침에는 그 주간에 읽었던 성경 전체를 음미하였다. 특별히 표시해두었던 구절들을 자세히 살피면서 말씀에 몰두하였다.

말씀으로 그의 심령이 풍성한 은혜를 받았던 흔적들이 일기에 기록되어 있다.

1837년 4월 9일

매우 상쾌한 정적. 히브리서를 공부했다. 처음 여섯 장에 대하여 이전보다 더 많은 것을 깨닫게 되었다.

1838년 9월25일

내게는 실로 많은 죄와 연약함과 무능함만이 있을 따름이다. 그러나 가족 기도 시간에 성경을 읽는 동안 많은 기쁨을 느꼈다. 하나님께서 말씀을 통해 내 심령에 불을 붙여주시기 원하는 심정으로 〈데살로니가전서〉를 펼쳐, 다 읽었더니 마음이 풍요로워진다.

맥체인은 온종일 심방으로 지친 몸을 이끌고도 밤늦은

시간까지 성경을 연구하는 것이 몸에 배어 있었다. 어떤 날은 온종일 성경을 읽으면서 하나님의 인도하심을 받으려고도 했다. 그런 식으로 말씀의 인도하심을 따라 살려고 애썼다.

그의 설교가 사람들의 심령을 움직였던 비결이 바로 여기에 있었다. 자신이 먼저 말씀으로 인도함을 받았고, 그 말씀의 강수에 자기 영혼을 담근 후에 설교할 때 능력이 나타났다. 그는 언제나 설교 전에는 넘치는 은혜의 바다에 푹 잠겼다. 그렇게 체험된 말씀을 설교로 선포할 때 그것은 청중의 영혼을 사로잡기에 충분했다.

성경에 대한 열정이 남달랐던 맥체인은 1842년, 교인들이 처음부터 끝까지 성경을 통독하면서 전체를 개관할 수 있는 특별한 방법을 고안했다. 독특하고 창의적인 방법으로 성경 읽기표를 고안할 만큼 그는 성경을 꿰뚫고 있었다. 이는 맥체인이 얼마나 성경을 사랑하고 가까이했는지 보여주는 징표이다. 그는 성경의 상세한 부분까지 깊은 관심을 가졌고, 늦은 밤까지 성경 연구로 많은 시간을 보냈다.

그렇게 연구에 매진한 것은 자신의 영혼에 기름진 양분을 공급할 뿐만 아니라 자기에게 맡겨준 영혼들을 풍성한 꼴로 먹이려는 목적이었다.

맥체인 성경 읽기표를 따라 성경을 읽어나가면 1년에 구약 한 번, 시편과 신약은 두 번 통독할 수 있다. 그 방식을 따른 성경 읽기는 후대 사람들에게도 많은 영향을 끼쳤다. 이를테면, 로이드 존스는 맥체인의 성경 읽기 방식을 53년간이나 지속했다고 한다. 존 스토트 역시 맥체인의 성경 읽기의 가치와 중요성을 이렇게 말했다.

맥체인이 생각해낸 성경 읽기 방식에 있어서 특히 도움이 되는 것은 장을 할당하는 방식입니다. … 내게 있어서 기복이 심한 성경의 전체를 개관하며, 그 기저에 깔려 있고 반복되어 나타나는 주제를 파악하는 데 이보다 더 큰 도움이 되는 것은 없었습니다.

성경 읽기표는 1년에 1독 하려는 목표보다는 성경을 주제별, 연대기적 혹은 하나님의 구속사적인 안목으로 읽어 갈 수 있도록 고안되었으니 맥체인이 가졌던 성경에 대한 안목이 놀랍다. 지금도 이 성경 읽기표는 맥체인이 후대에게 물려준 빛나는 신앙 유산으로 남아 있다.

정금처럼 빛난 성결과 경건

맥체인은 목회자로서 7년밖에 사역하지 못했다. 불과 29살의 나이에 하나님의 부르심을 받았으니 인간적으로는 불행한 삶을 살았다. 하지만 그는 70여 년을 산 사람 못지 않게 후대에 큰 영향력을 끼쳤다. 그가 세상을 떠난 지 160년이 지났지만 아직까지도 스코틀랜드 교회와 세계 교회의 많은 성도에게 존경과 사랑을 받고 있다. 그런 점에서 맥체인의 사역은 7년으로 종결된 것이 아니라 160여 년간 계속 이어진 셈이다.

맥체인의 삶은 마치 그리스도와 유사할 만큼 경건하고 성결했다. 그가 생애 동안 추구했던 성결과 경건이 심령을 녹인 설교의 원천이었다. 성결과 경건은 맥체인의 영적 생활의 핵심이었다.

그가 그토록 사모했던 성결한 삶은 개인적인 신앙 관리

에 철저했던 성실성 때문이었다. 그는 무서우리만큼 철저하게 자신의 영적 상태를 점검하고 관리했다. 무엇보다도 그는 자신의 영혼을 성결하게 하는 것이 사역의 원동력이라고 생각했다. 또한 설교자로서 성결한 삶 없이는 어떤 능력도 발휘할 수 없다는 것을 알았다. 그러기에 언제나 성결한 삶을 위해 경건의 시간을 포기하지 않았다.

특히 영적 스승들의 말씀을 듣거나 경건 서적을 읽으면서도 자신을 돌아보며 성결을 위해 힘썼다. 경건 서적에서 위대한 영적 거장들을 만날 때도 큰 도전을 받았다. 이를테면, 조나단 에드워즈와 데이비드 브레이너드의 생애를 읽은 후 느낀 감명들을 일기에 이렇게 썼다.

조나단 에드워즈의 생애를 읽었다. 그런 태양에 비하면 나 같은 인간이 지닌 기독교의 불꽃은 하나의 작은 불티만도 못하다. 그렇지만 에드워즈도 빌린 불빛일 뿐이다. 그가 빌린 빛의 원천은 나를 위해서도 문을 열어놓았다. 데이비드 브레이너드의 생애, 너무나 훌륭한 사람! 당신의 찢어진 가슴 속에 얼마나 많은 갈등과 침울함과 진보와 승리가 담겨 있는지요! … 오 놀라워라! 브레이너드의 겸손과 죄를 혐오하는 그의 성품이여!

그런 도전들은 맥체인을 더욱 고민하게 만들었다. 거룩한 삶을 살았던 영적 거장들을 볼 때마다 죄 문제에 대한 갈등이 깊어간 것이다. 가령, 위대한 영적 거장들로부터 도전을 받은 후 불과 며칠 만에 자신의 실수와 죄에 대해서 이렇게 탄식하며 썼다.

충분히 주의하지 않았다. 나는 그만 또 죄를 지었다. 참으로 슬픈 날이다. 오호라! 곤고한 자로다. 누가 이 죄와 사망의 몸에서 나를 구원하랴? 내 영혼아, 반석으로 돌아가라. 주님을 경외하고 그의 위엄과 영광 앞에서 재 가운데 숨으라. 이 세속의 뿌리가 이날 밤 너무도 강하게 나를 끌어당긴다. 아마도 이 끈질긴 쓴 뿌리에 진저리를 치고 그것을 끊어버리라는 뜻에서 하나님이 허락하신 일인 듯하다. 그런데 나는 끊겠다고 맹세를 해도 그것은 꾸물거리는 벌레의 기도에 불과하다. 내 영혼아, 재를 쓰고 앉아 있으라.

이런 기록들을 볼 때 맥체인의 성결과 경건은 하루아침에 이루어진 것이 아니었다. 그것은 치열한 자기와의 싸움에서 얻어진 소중한 영적 산물이었다. 맥체인의 삶에서 성결은 곧 죄를 물리치려는 몸부림이었다.

맥체인의 영혼은 유리처럼 맑았고, 그의 양심은 양털처럼 깨끗했다. 그러기에 자신의 영혼을 오염시키는 어떤 죄도 용납할 수 없었다. 아무리 사소한 죄가 침투하더라도 탄식하며 회개했다. 보통 사람들이 볼 때는 회개거리가 되지 않은 것처럼 보여도 그는 작은 죄 앞에서도 통회하며 몸부림을 쳤다. 그의 일기들을 보자.

1836년 7월 17일

오늘 돌이켜보니 두 가지가 나를 오염시켰다. 첫째는 사

람들의 칭찬을 받고 싶은 마음이 온종일 내 안에 있는 것
이고, 둘째는 사람들의 속된 이야기를 다 들어준 것이다.
오! 이런 것이 나를 겸비하게 하고 내 마음의 부담이 되어
십자가로 데려가기를. 그러면 사탄이 물러갈 것이다.

1837년 9월 4일

넘치는 나의 사악성을 느끼고 많이 깨졌다. 이런 나의 사
악성은 오직 하나님만 아신다.

1838년

이틀 전에 많은 죄에 빠졌다. 내 마음은 너무도 냉담했다.
그러나 나는 주님의 발 아래 낮게 엎드려 평안을 찾았다.

1839년

아무도 내 마음속에 있는 타락을 모른다. 오직 하나님만
내가 얼마나 부패했는지를 아신다. 주님, 제가 죄에서 떠
나게 해주십시오. 주님, 저의 눈과 마음을 이 세상에 대한

갖가지 관심에서 옮겨주십시오.

맥체인을 괴롭혔던 죄에 대해서 그가 구체적으로 언급
했던 것들은 주로 교만, 사람들의 칭송을 받은 것, 불성실,
세속적인 대화, 냉담 등이었다. 어떤 때는 "지난날의 죄"라
고 표현하기도 했고, 어떤 죄는 "하나님만이 아신다"고 말
하기도 했다. 이렇듯 맥체인의 인격은 죄와 싸우면서 다듬
어졌다. 설교를 통해서 수많은 영혼을 깨울 수 있었던 것은
바로 성결하고 경건한 삶의 인격 때문이었다. 그것은 도덕
적으로 흠이 없다기보다는 죄를 멀리하면서 성결하고 경
건한 삶을 살아가려는 몸부림을 통해 형성된 것이었다. 맥
체인은 그리스도를 닮아가려는 마음과 노력이 남달랐기
에 많은 사람에게 감동을 줄 수 있었다.

이처럼 맥체인은 20대의 청년 시절, 죄와 싸우면서 성결
하고 경건한 삶을 살기 위해 몸부림치며 보냈다. 이제 막
청소년기를 벗어난 젊은 시절에 그리스도를 닮기 위해서
그토록 치열한 영적 싸움을 했다는 점이 우리를 숙연하게

만든다. 앤드류 보나는 맥체인의 경건과 인격을 이렇게 평가했다.

그는 두 가지 일을 쉬지 않았다. 하나는 개인 경건 생활의 함양이었고, 다른 하나는 영혼 구원을 위한 전적인 노력이었다. … 그를 아는 사람들은 그 속에서 타오르는 광채를 보았을 것이다. 뿐만 아니라 그들은 맥체인 목사의 인격 속에 감춘 하나님의 신령한 호흡 소리를 들었을 것이다. 이런 인물의 독특함은 말로 다 설명할 수 없다.

거룩한 땅을 순례하다

성 베드로 교회 사역을 시작한 지 2년이 지날 무렵 맥체인
은 에든버러의 고향 집에서 휴식을 취하던 중 신학부 은사
였던 캔드리쉬 박사로부터 이스라엘 선교지 답사를 제안
받았다. 원래 맥체인은 신학 수업을 할 때부터 유대인 선교
에 대한 소논문을 쓴 적이 있었다. 그 후 목회 사역 중에도
선교에 대한 관심을 거두지 않았다. 혼자서 선교에 관한 서
적들을 읽으면서 선교 비전을 키워나갔고, 교인들에게도
종종 선교에 대한 이야기를 하곤 했다. 특히 1836년 4월 31
일자 일기에는 인도에서 돌아온 선교사를 만난 후의 소감
을 이렇게 적어놓았다.

나는 이제 하나님이 길을 열어주신다면 인도로 기꺼이 가
겠다. '주님, 제가 여기 있나이다. 저를 보내소서.'

이런 선교 비전이 가슴 속에서 사라지지 않았기에 선교지 답사를 제안받자 곧바로 교회에 편지를 보냈다. 맥체인은 이스라엘 선교지 답사가 건강에도 도움이 될 것이라는 조언에 선교지 답사를 추진하기로 마음먹었다. 그는 함께 거룩한 땅을 순례할 동역자들을 물색하기 시작했다. 먼저 애버딘의 마리샬 대학교 신학부 교수였던 블랙 박사와 성 사이러스 교회의 담임목사였던 키스 박사에게 동행할 것을 요청했다. 친구인 앤드류 보나 목사에게도 편지를 보내 동행해줄 것을 권면했다. 스코틀랜드 각 지역에서 조용하게 목회와 후진 양성에 헌신하고 있던 학자들과 목회자들이 유대인 선교를 위해서 현지를 답사한다는 소문이 나자 스코틀랜드 장로회 총회에서도 큰 관심을 가졌다.

오늘날과 달리 교통이 발달되지 않는 상황에서 이스라엘 성지를 답사한다는 것은 쉬운 일이 아니었다. 그럼에도 불구하고 하나님의 강권적인 인도하심으로 맥체인은 동료 대원들과 함께 준비에 만반을 기했다. 4명의 답사 대원들이 떠나기 전에 '선교 답사회'가 조직되었고, 유대인 선교 세미나도 열렸다. 맥체인은 던디의 교회 장로들로부터 다음과 같은 편지를 받았다.

우리는 맥체인 목사님의 제안에 동의합니다. 우리는 이것이 목사님의 선교 의무의 한 표현이라고 믿습니다. … 우리와 한동안 떨어져 있어도 우리는 은혜의 보좌 앞에서 늘 만나게 될 것입니다. 그리고 그 보좌 아래에서 서로의 염려와 소원을 풀어놓게 될 것입니다. 우리는 거기에서 부재중인 목사님을 자주 떠올릴 것입니다. … 우리는 주님이 영원한 복을 내리시기를 빌며 아브라함과 이삭과 야곱의 하나님의 손에 목사님을 의탁합니다.

불과 2년밖에 목회하지 않았던 교회의 장로들이 맥체인에게 보낸 편지에 담겨 있는 그리스도의 사랑이 우리의 심금을 울린다. 여기저기에서 목자와 양 떼가 상호 불신으로 교회의 거룩성이 훼손되고, 그리스도의 몸이 찢기는 현상이 난무한 시대에 성 베드로 교회의 목자와 양 떼의 관계는 감동을 준다. 건강 때문에 교회를 몇 개월 간 떠나 있다가 다시 성지 순례를 떠나려는 담임목사를 신뢰하고 축복했으니 하나님을 기쁘시게 해드리기에 충분한 교회였다. 실로 하나님께서는 그 교회를 축복하시어 몇 개월 후 스코틀랜드 교회사에서 길이 남을 만한 놀라운 부흥을 허락해주셨다.

교회로부터 공식적인 답변을 들은 후 맥체인은 기도하는 중에 윌리엄 번스 목사를 추천받았고, 즉시 그에게 교회 사역을 담당해줄 것을 부탁하면서 편지를 보냈다.

당신은 내 기도의 응답이오. 나는 이렇게 기도의 응답이 예외 없이 복되다는 것을 믿소. 나는 당신이, 내가 교회에 있을 때보다 천 배로 더 복을 받기를 원하오. 나의 사역 동안에 중생하지 못한 사람들이 어쩌면 당신의 사역에 감동할지 모르오. 하나님이 이 방법을 쓰시려고 당신을 나의 사역지로 인도하셨다고 믿소. "그 이름은 기묘자라"(사 9:6) 하지 않았소.

맥체인과 답사팀은 1839년 3월 29일에 영국을 떠나 해로와 육로를 이용해서 거룩한 땅을 찾아나섰다. 첫 번째로 도착한 지역은 파리였다. 답사 일행은 파리에 도착하자마자 전도지를 배포하면서 그곳에 사는 유대인들의 숫자나 환경을 조사한 후에 또 다음 목적지로 향했다. 그들은 가는 곳마다 유대인 회당을 찾아서 전도하고, 선교 현황까지 자세하게 파악했다. 맥체인은 수로를 통해 항해하는 중에도 마치 집에서 하는 것처럼 성경을 탐구하는 일을 계속해 나갔다. 친구 앤드류 보나가 쓴《레위기 주석》을 가지고 집중해서 유대인에 대해 연구했다.

이집트의 알렉산드리아에 도착해서는 사막길을 지나서 팔레스타인으로 가야 했다. 사막을 횡단하는 교통수단은 낙타가 유일했고, 일행의 짐도 17마리의 당나귀 등에 실어야 했다. 더욱이 평균 38도가 넘는 고온과 싸워야 했으니 얼마나 위험하고 힘들었는지 알 수 있다. 그런 열악한 환경에서 맥체인은 고열로 죽음의 위기를 맞기도 했다. 갈릴리 근처에서는 아랍인들로부터 강탈과 살해를 모면했고, 폴

란드에서는 강도에게 붙들리기도 했다. 답사 중의 서신에서 맥체인은 다음과 같이 기록했다.

나는 레바논에서 다시 병겨 누웠다. 나는 거의 볼 수 없고, 들리지도 않고 말도 못하고 기억도 없다. 내 몸의 기능이 모두 마비된 듯하다. 나는 곧 하나님께로 갈 것 같은 느낌이 들었다. 타국에서 혼자 죽는 것은 여간 고통스러운 시련이 아니다. 나는 과거에 전혀 느껴보지 못한 하나님께 대한 절실한 신뢰의 필요성을 통감한다.

친구에게 보낸 편지에는 답사 중에 겪었던 어려움을 다음과 같이 썼다.

우리는 메마른 광야의 모래 위에 매트만 깔고 엉성한 텐트 아래에서 지낸다네. 밤에는 이리들이 울부짖고, 야생 고양이와 하이에나가 주변에서 눈빛을 번득이며 괴이한 소리를 지르곤 한다네. 어떤 날은 사막이 뜨거운 열기를 받으며 12~14시간씩 낙타를 타야 하고, 타는 듯한 갈증과 모래바람 속에서 여행해야 하지. 그렇지만 우리가 그리스도와 연합되어 있기에 거룩하신 성령이 우리 속에서 격려하시며 지켜주신다네. 놀라운 축복이 아닌가!

맥체인은 텐트 속에서 밤을 보내는 중에도 기도 시간을 잊지 않았다. 휴식을 취하면서 대원들에게 함께 기도하자고 제안하기도 했다. 그것은 평상시 그의 몸에 밴 경건한 삶의 습관이었다. 특히 하루에 12시간에서 14시간씩 낙타의 잔등에 앉아 사막길을 여행하면서, 혹은 밤이슬을 맞으며 잠자리에 들면서 맥체인은 지난 사역들을 돌아보며 자신의 실수들을 반성했다. 그런 생각들을 담아서 스코틀랜드의 동역자에게 이런 편지를 썼다.

친애하는 이여! … 무엇보다 당신 자신의 영혼을 성장시키는 일에 주력하시오. 당신의 양심이 청결하고 심령에 하나님의 성령이 충만할 때 던진 한 마디가 불신앙과 죄

가운데서 전한 수천 마디의 말보다 더욱 가치 있다는 것을 명심하시오. 과거 나의 사역의 최대 결점은 바로 이 사실을 깨닫지 못한 채 일했다는 것이오. 영광을 받으시는 이는 사람이 아니라 하나님이시라는 점을 잊지 마시오. 진실로 필요한 것은 많은 말이 아니라 진실한 신앙이오.

답사팀은 프랑스를 거쳐서 이탈리아, 발레타, 알렉산드리아, 팔레스타인, 베이루트, 서머나, 드로아, 비시니아, 콘스탄티노플, 브레슬라우 등의 선교지 답사를 8개월여 동안 강행했다. 답사를 마칠 무렵 맥체인은 스코틀랜드에서 일어난 부흥 소식을 들었다. 11월 6일 약 8개월간의 답사를 마치고 런던으로 돌아오는 길에 부모님께 보낸 편지에서 이렇게 썼다.

사랑하는 부모님께, 우리는 다시 영국 땅을 바라볼 수 있는 곳에 와 있습니다. 반가우신 마음 금할 길 없으리라 믿습니다. 그간 어떻게 지내셨는지요? … 우리는 킬사이스의 부흥 소식을 들었습니다. 신문에도 그 소식이 기록되어 있는 것을 보았습니다. 킬사이스와 함께 던디의 이름이 나란히 실려 있는 것도 보았습니다. 빨리 교회로 돌아가 일하고 싶은 마음이 간절합니다. 그래서 우리가 시무하는 교회에 하늘의 이슬이 내리고 교인들과 더불어 그 축복에 동참하고 싶습니다.

맥체인은 11월 6일 런던에 도착해서 같은 달 23일에는 던디의 성 베드로 교회에 도착했다. 긴 여행으로 육신이 지쳐 있었지만 맥체인은 그날 저녁 곧바로 교회에 가서 귀국 인사 후 말씀을 전파했다. 교회에서는 담임목사를 기다리면서 기도회를 쉬지 않았다. 그날도 담임목사가 무사히 돌아온 것을 환영하며 크게 기뻐했다. 무척 오랜만에 강단에 선 맥체인은 눈을 의심할 정도로 많은 교인이 모인 것을 보았다. 목요일 저녁이었는데도 좌석이 꽉 찼고, 통로까지 사람들로 가득 메워졌으며 강대상에 오르는 좌우 계단까지 가득했다. 심지어 아이들까지 몰려들었으니 그 모든 것이 맥체인이 없는 사이에 일어났던 부흥의 열매들이었다.

전에도 청중이 그렇게 몰려들긴 했지만 그처럼 뜨겁게 타오르는 광경을 본 적이 없었기에 맥체인은 놀랄 뿐이었다. 하지만 그처럼 뜨거운 열기에도 불구하고 그는 조금도 흐트러지지 않고 차분하게 말씀을 전했다. 그리스도인이면 누구에게나 관심이 있을법한 성지 답사담조차도 극히 자제하면서 고린도전서 2장 1~4절을 본문으로 힘 있게 말씀을 전했다. 맥체인은 그날 밤의 감격을 오랫동안 잊지 못했다.

5장

거룩한 모습으로 하나님께 가다

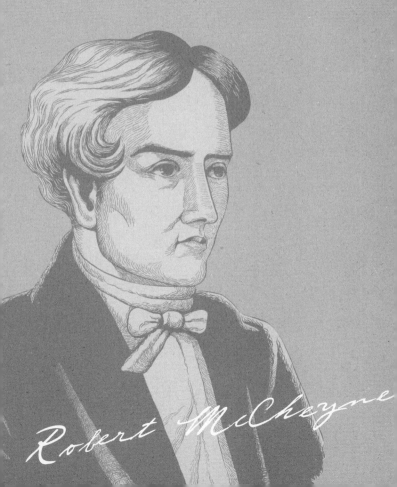

Robert McCheyne

교회사에 빛난 부흥

맥체인의 사역이 정금처럼 빛났던 것은 그의 성결하고 경건한 인격때문만이 아니었다. 교회사에서 그의 명성이 두드러졌던 것은 성 베드로 교회에서 일어난 부흥의 역사 때문이었다. 물론 던디의 성 베드로 교회와 스코틀랜드 각지에서 일어난 놀라운 부흥은 하나님께서 내려주신 절대 주권적인 은혜였다.

그러나 당시에 일어난 부흥은 맥체인의 간절한 기도의 응답이었다고도 말할 수 있다. 맥체인은 오랫동안 부흥을 갈망해왔다. 그는 자신의 교회뿐만 아니라 스코틀랜드 교회에 부흥이 임하도록 지속적으로 기도해왔다. 하나님의 성령이 교회를 정결케 해주시기를 소원했고, 스코틀랜드 전역에 부흥의 불길이 타오르도록 갈망했다.

맥체인은 사역을 시작할 때부터 부흥을 위해 간절히 기

도했다. 부교역자 사역 중에도 부흥을 위한 기도를 쉬지 않았다. 친구였던 앤드류 보나의 일기는 맥체인이 부흥을 얼마나 사모했는지 알려주는 단서가 된다.

1835년 12월 30일

맥체인의 편지를 읽고 그가 사역하는 라버트와 두니페이스 교회에 부흥이 일어나도록 기도하기로 결심했다.

1836년 2월 3일

맥체인이 나에게 말했다. 우리에게 부흥의 은혜가 아직 내리지 않은 것은 아마 우리 자신이 준비되지 않았기 때문일걸세. 목회자들이 회중을 경각시키는 일에 열중해야 한다고 생각하네.

맥체인은 부흥을 갈망하면서 주중에는 한 세기 전 조지 휘트필드의 주도로 일어난 영국의 부흥이나 조나단 에드워즈가 목회하던 노샘프턴 교회에서 일어난 뉴잉글랜드의 부흥 등을 설교하기도 했다. 1838년 7월 1일 이사야 44장 3~4절을 본문으로 한 설교에서 그는 이렇게 말했다.

내가 여러분에게 와서 사역한 이래로 이 말씀보다 내 마음과 내 입에 자주 떠오른 본문이 없었습니다. 하나님은 우리 교회가 시작된 첫날부터 주님이 함께하신다는 증거를 보여주셨습니다. 그렇지만 오늘 본문의 약속은 아직 성취시켜주시지 않았습니다. 본인은 하나님 앞에서 이 약속을 이루어달라고 더욱 간절히 탄원하기로 했습니다.

맥체인이 가졌던 부흥의 소망은 놀랍게도 그가 없는 사이에 임시로 사역을 담당하던 번스 목사에 의해 이루어졌으니 하나님의 섭리가 신비롭다. 마치 그의 예견이 이루어지기라도 하듯, 성지로 떠나기 전 친구에게 보낸 편지 내용대로, 그가 없는 사이에 부흥의 축복이 임한 것이다. 실로 부흥은 하나님의 선물이요, 교회를 회복시켜주시는 하나님의 절대 주권적인 은혜임이 실감나는 대목이다.

맥체인이 없는 사이에 성 베드로 교회에 부흥의 축복을 누리도록 해준 주역은 윌리엄 번스 목사였다. 원래 번스는 해외 선교사로 갈 준비를 하던 중에 맥체인의 요청으로 임시 사역을 맡았다. 한동안 그는 순회 강사로서 복음 전파에 힘을 기울이고 있었다. 그의 소원은 죽기 전에 만국에 다니면서 복음을 전하는 것이었다. 그는 풍성한 성량과 극적인 메시지로 청중을 압도하는 부흥사였다. 번스 역시 맥체인처럼 지칠 줄 모르는 열정으로 복음을 위해서 일했다. 그런 열정을 가리켜 그의 어머니는 "녹이 슬지 않고 닳아서 없어지는 칼과 같다"고 할 정도였다.

더욱이 번스는 극히 겸손한 사람이었다. 번스가 불과 24살의 나이에 역사에 길이 빛나는 부흥의 주역으로 쓰임받은 것은 그의 겸손 때문이 아니었을까? 더욱이 담임목사가 공석일 때 그토록 놀라운 부흥이 일어났으니 하나님의 섭리가 어디에 있었는지 깊이 생각해볼 부분이다. 맥체인의 진술대로, 그것은 자신의 설교나 능력으로 부흥을 일으켰다는 자만심을 꺾으시려는 섭리였을 수 있다. 아니면 부흥을 허락해주시는 하나님의 영광을 가로채려는 거만한 마음을 미리 차단하려는 섭리였을 수도 있다. 어떤 섭리였든지 간에 맥체인은 자신이 부재중에 일어난 부흥을 인정하고 하나님께 영광을 돌려드렸다. 동시에 번스의 영적 능력도 인정하면서 한동안 그와 함께 사역을 감당했다.

번스가 일으킨 부흥의 신호탄은 그의 아버지가 시무하던 킬사이스 교회에서 터졌다. 그가 킬사이스 교회에 가서 말씀을 전한 것은 성찬식 때문이었다. 당시 스코틀랜드 교회에서는 성찬식을 거행할 때 주변의 동역자들을 초청하여 함께하곤 했다. 번스도 아버지의 요청으로 성찬식을 도우러 갔다가 저녁에 말씀을 전하게 되었다. 저녁예배 설교 중 성령의 감동으로, 철야기도를 마치고 전도 집회를 하기로 했다. 그러나 다음 날 기후가 좋지 않아 예배당에서 전도 집회를 하던 중에 강한 성령의 역사가 일어났다.

시편 113편 3절 말씀으로 평이하게 설교하는데 사람들이 눈물을 흘리기 시작했다. 번스 역시 성령의 능력에 붙들려서 말씀을 전파했다. 말씀을 듣던 사람들은 더 이상 참지 못하고 울부짖으며 가슴을 치고 통곡하기 시작했다. 그 후 번스가 며칠 동안 집회를 인도할 때 성령의 능력으로 인하여 킬사이스 지역 전체에 큰 변화가 일어났다. 술집이 문을 닫고, 탄광에서 찬송 소리가 흘러나오는 등 전에 볼 수 없었던 일들이 여기저기에서 일어났다. 농장이나 공장에서도 기도와 찬송 소리가 그치지 않을 정도였으니 놀라운 성령의 역사였다.

번스가 맨 처음 던디에 왔을 때, 그는 거대한 성전에 가득 찬 교인들을 보고 놀랐다. 그곳은 이미 신실한 종이 씨를 뿌려놓은 기름진 목양지임을 금방 알아차릴 수 있었다. 하지만 4개월 동안 최선을 다해 말씀을 전하며 특별한 하나님의 임재를 기다렸으나 아무런 반응이 없었다. 그러다가 킬사이스 교회에서 성령의 역사를 체험하고 돌아온 후 이틀이 지난 다음부터 특별한 부흥의 현상이 일어나기 시작했다. 번스는 정기적으로 모이던 목요 기도회에서 자신이 예정보다 며칠 늦게 온 이유를 설명했다. 그러고 나서 기도회를 마친 후 자원하는 자들과 함께 집회를 계속했다.

그때 1,100명의 교인 중에서 100여 명이 남아 함께 기도하다가 성령의 임재를 느끼며 모두 눈물 흘리며 감격하기 시작했다.

그렇게 해서 시작된 특별 집회가 다음 날에도 계속되었고, 더 강력한 성령의 역사가 일어났다. 하나님을 알고 싶은 열망이 더욱 뜨거워졌다. 집회에 참석한 모든 사람은 주의 자비와 긍휼을 사모하며 부르짖었다. 심지어 집회가 끝나도 자리를 떠나지 않고 기도에 전력하면서 회개하며 통곡하기도 했다. 몇 주 동안 그렇게 뜨거운 집회가 이어지면서 나중에는 앉을 자리가 없어서 야외 집회를 가졌다. 초자연적인 역사들이 계속 일어나자 번스 혼자서 감당할 수 없어서 주변의 동역자들을 초청하여 함께 집회를 인도했다. 킬사이스에 이어 던디에서 일어난 부흥 소식은 스코틀랜드 전역으로 퍼져 나갔고, 총회에서는 놀라운 부흥의 현상을 조사하여 보고서를 만들기도 했다.

성지 답사를 마치고 영국으로 돌아오던 중에 놀라운 부흥의 소식을 들은 맥체인은 번스에게 이런 편지를 보냈다.

당신은 우리가 헤어질 때 내가 사역할 때보다 당신이 천
배나 더 복을 받기를 원한다는 것이 내 마음의 기도였음
을 기억할 줄 아오. 정말 그런 복을 받았다는 사실을 당신
의 증언으로 들을 수 있다면 나는 정말 기쁠 것이오. 목이
곧고 마음이 닫힌 내 양 무리를 주께서 어루만지셔서 그
리스도의 구원을 깨닫게 하시고 그들의 삶을 변화시키셨
다면 나는 목숨이 붙어 있는 한 주님을 찬양할 것이오.

자신의 기도 제목처럼 번스가 천 배의 축복을 받은 현실
앞에 맥체인이 어떤 생각을 했는지는 알 수 없다. 인간적으
로 생각하면, 자신이 부재중에 임시 사역자에 의해 일어난
놀라운 부흥의 축복을 일종의 시기심, 혹은 하나님께 대한
불만 등으로 반응했을 수도 있었을 것이다. 하지만 맥체인
은 그 어떤 유혹에도 흔들림 없이 번스와의 관계를 역사에
길이 남을 만한 동역자의 관계로 유지해나갔다. 번스는 맥
체인이 없는 사이에 많은 회심자를 얻어냈고, 교인들의 사
랑도 크게 받았다. 그럼에도 불구하고 맥체인은 자신이 목

장에 돌아왔다고 해서 번스의 사역을 중단시키지 않았다. 오히려 번스의 공로를 인정하면서 한동안 그와 함께 집회를 인도했다.

얼마 후 번스는 여러 교회를 순방하면서 집회를 인도하면서 또 다른 부흥의 축복을 누렸다. 맥체인 역시 번스가 떠난 후에도 놀라운 부흥의 은혜를 맛보았다. 맥체인이 뿌려놓은 씨앗은, 번스가 첫 열매를 거둔 후 다시 맥체인이 세상을 떠날 때까지 3년 동안 결실을 맺었다. 그의 일기에도 부흥의 현상들을 이렇게 기록해놓았다.

1839년 12월 3일

20명의 영혼이 구원 상담을 위해 찾아왔다. 영혼이 깨어난 자들만을 상대로 저녁 특별 모임을 가졌는데 약 400명이 몰려왔다.

1840년 1월 19일

성찬식을 가졌다. 자리가 없어 서 있는 사람이 많았다. 한 소년이 내게 와서 말했다. "오늘 정말 좋았어요."

1840년 3월 31일 .

수요일과 금요일에 남아서 성찬식에 참여한 사람들에게 말씀을 전했다. 금요일 저녁 모임에는 특별한 감동이 있었다. 여러 사람이 흐느꼈다. 어떤 날에는 하룻밤 집회에 150명이 죄의식에 눌려 통곡했고 다음 날에는 200명의 구도자들이 십자가의 구원에 대해 상담을 요청했다.

1840년 에버딘 장로교회에서 던디의 부흥 현상을 파악하기 위해서 임명된 위원회에 맥체인은 다음과 같이 답변했다.

지금까지 이 지역에서 하나님의 성령이 가장 두드러지게 역사하신 때는 제가 해외에 나가 있었던 1839년이었습니다. … 또한 제가 돌아온 이후로도 설교 말씀에 매우 큰 능력이 함께하는 모습과 교인들에게 자신의 감정을 주체할 수 없을 만큼 영원한 것들이 아주 가까이 다가오는 모습을 자주 목격했습니다. … 그때 저는 많은 사람의 마음에서 억제할 수 없이 솟구치는 한숨 소리를 들었고, 많은 사람의 얼굴이 눈물로 범벅이 되는 것을 보았습니다. 한편 깊은 장엄함이 전체 청중을 충만히 채우고 있는 가운데, 회중 사이사이에서 크게 흐느껴 우는 소리가 들렸습니다. 또한 어떤 경우에는 개개인이 마치 화살에 찔린 듯이 크게 울부짖는 소리가 들렸습니다. … 때때로 그분은 쏟아지는 비처럼, 때로는 부드러운 이슬처럼 오십니다.

이런 부흥 현상을 보고한 지 1년 반이 지난 후에도 동일한 현상들이 계속되었다. 1842년 7월 2일자 일기에서 맥체인은 다음과 같이 기록했다.

빌립보 3장 18절 말씀인 '그리스도의 십자가의 원수'란 제목으로 설교했다. 말씀이 강론되는 중에 약 30~40명의 사람이 큰 소리로 울부짖었다. 나머지 회중도 깊은 은혜를 받고 간절한 기도를 올렸다. 지난 주일에는 어떤 사람이 너무나 강한 감동을 받아 교회 밖으로 실려 나갔다.

이처럼 부흥의 열기가 그치지 않은 가운데서 맥체인 개인적으로도 심령의 부흥이 일어났다. 스코틀랜드 교회를 뜨겁게 달군 부흥의 주역으로 쓰임받았지만 거룩을 향한 열망은 더욱 뜨겁게 일어났다. 그는 하나님 앞에서 한없이 부족한 자신의 영혼에 대해서 자책하며 회개하기를 쉬지 않았다. 거기에다 교회의 부흥을 경험하면 할수록 자신의 심령을 깨끗케 하려고 애썼다. 하나님께서는 그렇게 주의 은혜를 사모하고, 정결하고 거룩한 심령으로 거듭나려는 겸손한 영혼 위에 더 큰 자비를 베풀어주셨다. 맥체인은 자신의 영적 상태를 이렇게 기록했다.

나의 영혼은 너무나 어둡고 추악하다. 나는 죽은 자나 다름없다. 나는 말씀을 전하면서 나의 영혼에 대한 불만과 죄책감에 눌렸다. … 그때 나는 갑자기 예수 그리스도의 신성이 지닌 영광과 죄인들을 영원한 사망에서 구출하기 위해서 흘리신 그리스도의 속죄의 희생 보혈에 크게 감동되었다. … 회중은 강풍에 고개를 숙이는 곡식처럼 말씀의 강풍에 고개를 숙였고 수많은 죄인의 가슴이 열리면서 통곡 소리가 교회를 채웠다.

이렇듯 개인적인 부흥을 체험한 맥체인은 성 베드로 교회와 스코틀랜드 각 지역의 순회 집회를 인도하면서 더 강력한 부흥을 주도했다. 그런 부흥의 현상들을 보면서 어떤 사람은 죽었던 사람이 성령의 바람을 맞고 벌떡 일어난 것 같다고 증언할 정도였다.

가장 인상적인 부흥은 영국 북동부 도시인 뉴캐슬에서 있었던 순회 집회 때였다. 천여 명이 모인 회중 앞에서 맥체인이 밤 10시가 넘도록 설교할 때 얼마나 엄숙하던지 어떤 사람은 죽은 자를 깨우는 나팔소리 같다고 회고했다. 그 외에도 맥체인은 스코틀랜드 각 지역과 영국 지역까지 24

군데를 순회하면서 27회에 거쳐 집회를 인도하기도 했다.

맥체인이 주도했던 부흥은 결코 인위적인 것이 아니었다. 그것은 오랫동안 부흥을 갈망하고, 부흥을 위해 준비해 온 사람에게 베풀어주신 하나님의 선물이었다. 맥체인은 오랫동안 온 마음을 다해 부흥을 갈망해왔다. 금식과 기도로 부흥의 통로를 예비했으며, 부흥의 축복을 담기 위해서 성결과 경건의 그릇을 철저하게 준비했다. 실로 맥체인은 그리스도를 닮은 거룩한 사역자요, 살아 있는 그리스도의 편지였다. 하나님께서는 그렇게 준비된 영적 거장을 세우셔서 스코틀랜드 교회사에 위대한 부흥의 한 페이지를 장식해주신 것이다.

~

'나의 갱신'

~

청교도들이 후대에 남겨준 경건 생활의 유산 중 하나는 자신의 일기나 결심문 등이다. 그들은 일기를 통해서 자신을 철저하게 훈련했고, 결심문을 작성함으로써 그리스도를 닮은 거룩한 생활에 이르도록 치열한 내적 싸움을 거듭했다. 조나단 에드워즈는 70개의 결심문을 남겼고, 데이비드 브레이너드도 영적 일기를 남겨서 후대에 많은 영향을 끼쳤다. 맥체인 역시 사역 말기에 자기 영혼을 개혁하기 위한 일종의 결심서를 작성했다. 다음은 '나의 갱신'이란 제목으로 작성된 결심문의 일부이다.

나는 다음 사항을 실천하기로 결심했다.

최대의 영적 행복을 누리는 것.

하나님의 영광과 인간의 유익을 위해 최선을 다하는 것.

내 양심이 그리스도의 보혈로 항상 씻기는 것.

항상 성령의 충만을 받는 것.

정신과 의지와 마음이 이 세상에서 구속받은 죄인이 달성할 수 있는 최대의 분량만큼 그리스도의 모습을 전적으로 닮는 것.

이런 나의 영적 갱신에는 영원한 하늘 보상이 넘치게 될 것이다. 나는 나의 마음속에서나 혹은 제3자가 어떤 순간이나 상황에서도 위의 사항과 배치되는 말을 하면 그것을 하나님과 원수며 내 영혼과 모든 선한 것의 원수인 마귀의 음성으로 간주할 것이다. 마귀는 모든 피조물 가운데서 가장 어리석고 사악하고 비참한 존재이다.

나는 나의 죄를 더 고백해야 한다. 내가 죄라고 깨닫는 순간에 그 죄를 더 고백해야 한다고 생각한다. 내가 사람들과 함께 있거나 서재에 있거나 혹은 설교를 할 때라도 나의 영혼은 죄를 혐오의 눈으로 바라봐야 한다. 내가 만약 고백되지 않은 죄를 그냥 놔두고서 내 할 일을 계속하면 내 양심은 더욱 무거워지고 죄는 더 가중된다. 나는 지난

날의 죄를 엄숙히 고백하고 온전한 용서를 받기 위한 시간을 따로 정해야겠다. 하루 중에서 아침식사나 저녁식사 후가 가장 좋은 것 같다.

나는 모태에서부터 하나님의 속성과 반대되는 본성을 가진 자로 태어났다. 그래서 나의 마음은 출생에서 사망까지의 전 생애 동안 나의 모든 생각과 언행을 오염시키는 사악성으로 가득 차 있다. 나는 다윗과 바울처럼 회심하기 이전의 죄, 곧 나의 청춘의 죄와 회심한 이후의 죄, 곧 빛과 진리의 지식과 사랑과 은혜와 성부, 성자, 성령을 거슬러 지은 죄를 자주 고백해야 한다.

나는 적어도 한 달에 한 번 고백의 날을 정해 금식해야 한다. 나는 죄가 기억나도록 적절한 성경구절에 표시를 해두어야 한다. 나는 육신이나 고통이나 집안 문제나 나에 대한 하늘의 언짢음이나 집, 교구, 교회, 국가의 모든 시련을 하나님이 내 죄를 고백하라고 촉구하시는 표시로 사용해야 한다.

나는 죄를 용서받기 위해 그리스도께 나아가야 한다. 내 몸을 씻을 때에 나는 더러운 부분을 모조리 씻어낸다. 그렇다면 내 영혼을 씻는 일에 이보다 덜 철저할 수 있겠는가? 내가 지은 하나하나의 죄마다 채찍을 받으신 예수님의 등에 나타난 매질의 자국을 보아야 한다. 나는 내 죄로 받아야 할 나의 영원한 지옥의 고통이 예수님의 영혼을 관통한 무한한 고통으로 대치된 것을 보아야 한다.

나는 그리스도의 보혈이 필요하지 않을 만큼 매우 작은 죄도 있다는 생각을 조금도 가져서는 안 된다. 나는 그리스도의 피로 씻어야 할 뿐 아니라 그리스도의 순종으로 옷 입혀져야 한다. 내가 태만죄를 지을 때마다 나는 그리스도 안에서 나를 위해 준비된 신령하고 온전한 순종이 있음을 알아야 한다. 나는 위반죄를 지을 때마다 그리스도가 받으신 채찍의 상처를 보아야 하고 나 대신 완전한 순종을 하심으로써 율법이 높여지고 율법의 저주가 집행되며 그 요구가 넉넉히 채워진 것을 보아야 한다.

나는 나의 약점을 더 살펴야 한다. 나는 속절없는 벌레라는 사실을 자신에게 확증시키기 위해 로마서 7장이나 요한복음 15장과 같은 성경 본문을 준비하고 묵상해야 한다. 나는 그리스도를 중보자로서 공부해야 한다. 그리스도는 가장 혹심한 유혹을 받게 될 베드로를 위해 가장 많이 기도하셨다. 나는 주님의 흉배에 있다. 만약 주께서 내 옆방에 계시면서 나를 위해 기도드리는 것을 내가 듣는다면 나는 수만 명의 원수도 두려워하지 않을 것이다. 주님이 어디에 계시든 거리는 전혀 문제되지 않는다. 주님은 현재 나를 위해 기도하신다.

나는 성령 하나님이 내 몸 안에 계신다는 사실을 꿈에도 잊어서는 안 된다. 이런 생각만 해도 나는 죄에 떨어야 한다. 나는 죄가 성령을 슬프게 하고 성령의 활동을 멈추게 한다는 것을 잊어서는 안 된다. 내가 성령 충만을 받으려면 성경을 더 읽고, 기도를 더 하고 더욱 깨어 있어야 한다. 나는 그리스도를 닮는 것을 최고의 행복으로 여겨야 한다. 나는 신령한 하늘의 행복이 거룩함과 불가분의 관계라고 생각한다. 거룩함과 행복은 빛과 열의 관계와 같다. 하나님은 죄의 쾌락을 조금도 맛보신 적이 없다. 그리스도는 나와 똑같은 사람의 몸을 가지셨지만 죄의 쾌락을 한 번도 맛보지 않으셨다. 구속받은 자는 영원의 세계에서 최고의 쾌락을 전혀 맛보지 않을 것이다. 그러나 그들의 행복은 완전한 것이다. 내가 이 순간부터 그들처럼 된다면 그것은 나의 최대 행복이 될 것이다(이중수,《작은 예수처럼 살다 간 사람 로버트 맥체인》에서 인용).

이런 결심문을 볼 때 맥체인이 죄를 멀리하려고 얼마나 몸부림쳤는지 알 수 있다. 그에게 죄의 유혹이 없었던 것이 아니었다. 죄와 무관한 삶을 살았던 것도 아니었다. 그 역시 모든 그리스도인이 겪는 죄의 문제로 고민하며 살았다. 그럼에도 불구하고 맥체인은 죄를 물리치기 위해서 치열하게 싸우면서 거룩하게 살려고 했다. 하나님께서 거룩을 사모하며 오직 그리스도를 닮으려고 애쓴 귀한 종을 위대한 부흥의 도구로 사용하신 것은 당연한 것이 아닐까?

본향으로 가는 길

맥체인의 마지막 가는 길을 다루기 전에, 그의 결혼에 관한 이야기를 잠시 하는 것이 좋겠다. 그는 결혼을 하지 않았다. 하지만 세 차례의 로맨스가 있었다. 첫 번째는 18살 즈음에 에든버러에서 공부할 무렵 친구의 누이 메리라는 연상과 나눈 로맨스였다. 두 사람은 한동안 가슴 졸이며 선물을 주고받는 등 사랑을 나누었으나 곧 헤어졌다.

두 번째는 성 베드로 교회에서 목회한 지 2년쯤 지났을 때 맥스웰이라는 여인과 나눈 로맨스였다. 그때는 약혼까지 이르렀으나 곧 파기되었다. 그 이유는 밝혀지지 않았으나 맥스웰의 가문에서 반대했거나 맥체인의 건강상의 요인이었을 수 있다.

세 번째는 맥체인이 종종 묵상과 기도를 위해 찾았던 블레어거리라는 마을 교회의 장로 딸인 제시 테인과 나눈 로맨스였다. 제시와도 사랑을 나누며 약혼까지 했으나 결혼으로 골인하지는 못했다.

맥체인은 세 차례의 로맨스를 통해서 사랑의 즐거움을 누렸다. 하지만 달콤한 사랑의 열매는 한 번도 맛보지 못했다. 그가 지상에서 사랑의 열매를 맛보지 못했지만 하나님께서는 그에게 영원한 사랑의 극치를 맛보여주셨음이 틀림없다. 더욱이 맥체인은 자신에게 다가온 사랑의 아픔을 '영혼 사랑'으로 승화시켜 평생 주님만을 바라보면서 살았다. 그는 비록 이성적인 사랑에 실패했으나 평생 자신에게 맡겨준 영혼들을 진실로 사랑했다.

한편, 맥체인은 사역 말기에 여러 질병으로 인해 육신의 고통을 당했다. 거기에다 인신공격까지 당하면서 정신적인 고통까지 겹쳤다. 세상을 떠나기 1년 전까지 영적인 시험이 그치지 않았으며, 죄와의 싸움도 계속되었다. 1842년 7월 17일 일기에 그 당시의 고통을 다음과 같이 기록했다.

나는 유혹을 받았다. 아무런 소망도 보이지 않았다. 그러

나 나는 벌레와 같이 연약하지만 나를 보호하시는 주님의
팔은 강하다.

그토록 놀라운 부흥을 일구고도 어떤 유혹에 시달렸던
것을 보면 영적 전쟁의 실상을 보는 듯하다. 더욱이 보통
사람이 상상할 수 없는 은혜의 경지를 체험한 사람이 여전
히 자신을 벌레와 같다고 고백한 것은 그의 영적 기상도를
가늠하게 하는 부분이다. 그만큼 맥체인이 순결한 심령과
깨끗한 영혼을 가졌다는 뜻이기도 하다. 그의 영적 목표는
거룩하신 주님을 닮는 것이었다. 소위, 그는 하나님의 영광
을 위하여 작은 예수가 되고 싶었던 것이다. 그러기에 맥체
인은 지나치리만큼 죄에 민감했고, 죄를 혐오했다. 그는 죄
문제로 고민하면서 자신의 친구에게도 이렇게 호소했다.

나를 특별히 기억해주게. 나는 지금 너무도 무거운 짐에
눌려 있다네. 내 마음은 온통 죄로 가득하네. 그러나 나는
예수님이 살아 계심을 믿네.

같은 해 8월 4일에는 이런 일기를 남겼다.

온종일 모든 것으로부터 벗어나서 주님과 함께 있었으면
하는 생각까지 했다. 나의 사랑하는 이가 내 곁에 계시다
는 것을 어렴풋이나마 느끼자 나의 몸과 마음이 조금씩
회복되는 것 같았다. 그분의 부재는 나에게는 죽음과도
같았다.

이는 주님이 없으면 죽을 것 같다는 고백과도 같다. 후일
많은 사람이, 그토록 주님과 함께하던 맥체인이 강단에 설
때면 마치 그리스도를 보는 듯했다고 증언하기도 했다. 우
리는 주님과 함께한다고 수없이 고백하고 결단하지만 실
제로 주님 없이 살 때가 얼마나 많았던가! 물질과 명예와
권력 그리고 세상적인 것들에 매여 살면서 만족할 뿐 주님
으로 인한 진정한 만족을 누려보지 못한 채 종교의 옷만 입
고 있는 모습이 부끄럽기만 하다.

그 무렵 맥체인이 여러 가지 시련으로 정신적, 육체적인

고통 가운데 있을 때 스코틀랜드 성직자들로부터 전도 여행에 동참해달라는 부탁을 받았다. 그 단체는 영국 북부 지역을 방문해서 복음을 증거하는 단체였다. 맥체인은 동역자들의 위로로 힘을 얻고 그 전도 여행에 동참하겠다고 답하면서 다음과 같은 추신을 덧붙였다.

내가 때로는 무거운 짐에 눌리곤 한다는 사실을 기억해주십시오. 내 마음은 온통 죄로 가득 차 있습니다. 그러나 주님은 항상 살아 계셔서 역사하시지요.

그 전도 여행은 맥체인 생애에 마지막이 될 대중적인 복음 사역이었다. 전도팀은 영국으로 출발해서 각 지역을 다니며 노상에서 복음을 전했다. 때로는 예배당 안에서 집회를 가졌다. 전도 집회를 할 때 많은 사람이 맥체인의 설교를 듣고 싶어 했다. 이미 영국 전역에 맥체인의 '주의 날'에 관한 소책자가 두루 읽혀져서 찬사를 받고 있었기 때문에 가는 곳마다 환영을 받았다. 심지어 밤늦은 시간까지 수천 명이 설교를 들으면서 한 사람도 자리를 뜨지 않을 정도였다. 전도 여행을 마친 후 그해 11월에는 해밀턴이 목회하던 런던의 리젠트 스퀘어에서 10일간 부흥회를 인도했다. 성 베드로 교회 교인들은 다시 담임목사가 교회를 비우는 것을 불평하기도 했으나 맥체인의 열정을 막을 수 없었다.

그 후 맥체인의 공적 사역에 대한 기록은 1월 25일자 일기에 기록되어 있다.

오늘 4명의 장로들에게 안수를 베풀었고 다섯 번째로 선출된 자를 일단 장로 후보로 피택했다. 이들은 모두 내가 간 뒤에 이 교회를 이끌고 갈 사람들이다. 아침 일찍 깨어 오랫동안 은혜로운 시간을 보냈다. 두 시간 동안 하나님과 은밀한 교제를 가졌다.

1843년 1월 6일자 일기는 맥체인이 지상에 남겨둔 일기의 마지막 기록이다.

한 영혼이 눈을 떠 참 안식을 발견했다는 소식을 들었다. 나는 믿는다. 그러한 경우가 내게도 두 차례나 있었는데 두 번 다 매우 깊이 있고 감동적이었다. 내가 절망 중에서 포기하라고 할 바로 그때 하나님은 나와 함께하신다는 당신의 증표를 보여주셨다.

이처럼 맥체인은 마지막까지도 교인들의 영혼에 대한 뜨거운 관심과 사랑을 잊지 않았다. 동시에 생애 마지막 순간까지 자신의 영혼을 정결케 하려고 애썼다. 3월 5일 주일에 세 차례의 설교를 마치고, 이틀 후 아버지에게 보낸 다음의 편지는 맥체인이 자신의 영적 관리를 얼마나 세심하게 하고 있었는지 알려준다.

교회 내의 온갖 문제가 마치 잔잔한 시냇물처럼 이어지고 있습니다. 그러나 나는 그러한 문제를 해결할 수 있는 방법이 반드시 있다고 믿습니다. 가정의 제단만큼 매일매일 우리의 영혼을 살찌게 하는 것은 없다고 생각합니다.

3월 12일 주일 오전에는 히브리서 9장 15절을 가지고 설교했고, 오후에는 로마서 9장 22~23절을 중심으로 하나님의 주권에 대해서 강하게 선포했다. 그 설교가 성 베드로 교회에서 행한 최후의 설교였다. 평생 하나님의 주권을 강조하고, 그 주권을 신뢰하며 살더니 마지막 설교에서도 그 주제로 설교한 것이 의미심장하다. 그날 저녁에는 브라우티 페리에서 이사야 60장 1절을 중심으로 '일어나라 빛을 발하라'라는 제목으로 설교했다. 나중에 맥체인이 병상에 있을 때 전해진 한 편지에는 다음과 같은 인상적인 내용이 담겨 있다.

지난 주일 저녁 저는 당신의 설교를 들었습니다. 하나님께서 그 설교를 통해서 제게 축복내리시기를 기뻐하셨습니다. 저를 감동시켰던 것은 당신께서 했던 말이 아니라 오히려 말하는 태도였습니다. 나는 당신을 바라보면서 이전에 결코 보지 못했던 성결의 아름다움을 보았습니다. 당신의 기도를 통해서 저는 깊은 감동을 받았습니다.

맥체인이 마지막으로 지상의 사람들에게 보여준 설교자의 이미지는 성결하고 거룩한 모습이었다. 다음 날 저녁에는 교회에서 모임을 개최하여, 스코틀랜드 국교회에서 독립하여 조직된 자유교회 편에 서야 할 것을 열정적으로 외쳤다. 그날 오후에는 결혼식을 두 차례나 집례했고, 돌아오는 길에는 자신의 마지막을 예고하듯 사역과 관련된 몇 가지 일들을 정리했다. 그날 밤에 열병으로 누운 후 맥체인은 다시 침상에서 일어나지 못했다. 저녁에는 너무나 고통이 심해 잠을 잘 수 없었다. 다음 날에도 심하게 앓았다.

맥체인이 평소에도 몸이 병약했기 때문에 주변 사람들은 대수롭지 않게 생각했다. 그러다가 죽음이 임박해서야 그의 병이 심각하다는 것을 알게 되었다. 하지만 그때는 이미 손을 쓸 수가 없는 상태였다. 결국 그는 며칠 동안 열병과 사투하면서 의식을 잃고 헛소리를 하기도 했다. 그 후 의식이 돌아왔을 때 교인들이 방문하여 교회 문제를 이야기할 때 그는 희미한 목소리로 이렇게 말했다.

나는 교회 내의 정책에 대해 논의하는 것이 그다지 중요하다고 생각하지 않습니다. 사실, 나는 그러한 것을 싫어합니다. 내가 좋아하는 것은 하나님께 신실할 것이요, 거룩한 삶의 자세를 가지고 살아가는 것임을 여러분에게 말씀드립니다.

1843년 3월 25일 토요일 아침 주치의 깁슨 박사가 보는 앞에서 맥체인은 최후를 맞이했다. 그는 마치 축도를 하는 듯한 자세를 취하면서 두 팔을 올리다가 침대에 쓰러진 후 곧 숨을 거두었다. 이로써 맥체인은 지상에서 29년 10개월을 보내면서 이 땅의 모든 수고를 마치고 본향에 입성했다. 맥체인의 사망 소식이 전해지자 스코틀랜드 전역에서 애도의 눈물이 그치지 않았다. 심지어 전도 집회 때 돌멩이를 던지던 사람조차도 눈물을 흘렸다. 장례식 때는 던디 시내의 모든 상점이 문을 닫고, 약 7천 명의 장례 행렬이 그의 마지막 가는 길을 보았다. 원래 맥체인 가문의 장지는 에든버러 커스버트 교회 정원 묘지였으나, 교인들의 뜻을 받들어 성 베드로 교회 정원에 있는 묘지에 안장하기로 했다. 그의 묘비에는 다음과 같이 새겨져 있다.

던디의 성 베드로 교회의 초대 목회자, 로버트 머리 맥체인 목사를 기념하기 위해 그의 슬퍼하는 양 무리가 세우다. 그는 1843년 3월 25일에 하나님의 부름을 받았다. 그는 하나님과 가까이 동행했고 말과 사랑과 정신과 믿음과 순결에 있어서 성도들의 모범이었다. 그는 밤낮 쉬지 않고 영혼들을 돌보았다. 그는 어둠 속에서 방황하는 많은 영혼을 생명길로 인도함으로써 주님의 칭찬을 받았다.

여기에서 우리는 그가 얼마나 경건하고 거룩한 삶을 살았는지 생생하게 읽을 수 있다. 지금 그는 세상에 없지만 그가 보여준 '작은 예수상'은 우리 가슴 속에 영원한 묘비로 남아 있을 것이다. 부흥을 사모하는 우리 시대의 모든 사역자와 함께 그리스도를 가장 닮은 거룩한 성자 로버트 맥체인을 흠모한다.

1813	5월 21일 스코틀랜드 에든버러 더블린 가에서 태어나다.
1827	11월 에든버러 대학교에 입학하다.
1831	신학부에 진학하여 목회 수업을 받다.
1835	1월 1일, 에든버러 노회에서 복음을 전파할 수 있는 자격을 인정받다. 7월 1일 설교자 인허증을 받다. 11월 첫 주부터 존 보나르 목사가 시무하던 라버트와 두니페이스 교구의 부역자로 청빙받다.
1836	11월 24일 목사 임직을 받다. 던디의 성 베드로 교회 담임목사로 청빙받다.
1839	3월 29일 8개월간의 성지 답사를 떠나다.
1843	3월 25일 하나님의 부름을 받고 영원한 안식에 들어가다.

참고문헌

• 송삼용, 《영성의 거장들》, 기독신문사, 2002.

• 알렉산더 스멜리, 엄경희 역, 《로버트 맥체인》, 지평서원, 2005.

• 앤드루 보나, 조계광·이용중 역, 《로버트 맥체인 회고록》, 부흥과 개혁사, 2005.

• 이중수, 《작은 예수처럼 살다 간 사람 로버트 맥체인》, 부흥과개 혁사, 2005.